Benedikt Niese

Der homerische Schiffskatalog als historische Quelle betrachtet

Benedikt Niese

Der homerische Schiffskatalog als historische Quelle betrachtet

ISBN/EAN: 9783742870889

Hergestellt in Europa, USA, Kanada, Australien, Japan

Cover: Foto ©ninafisch / pixelio.de

Manufactured and distributed by brebook publishing software
(www.brebook.com)

Benedikt Niese

Der homerische Schiffskatalog als historische Quelle betrachtet

Der

homerische Schiffskatalog

als historische Quelle

betrachtet

von

Benedictus Niese.

Kiel.

Verlag von Carl Schröder & Comp.

1873.

.

Seinem verehrten Lehrer

Herrn Professor

Alfred von Gutschmid

der Verfasser.

Die nachstehende Abhandlung ist entstanden in Folge einer dem Verfasser zum Examen pro facultate docendi von der Königlichen wissenschaftlichen Prüfungscommission zu Kiel vorgelegten historischen Aufgabe; ermuthigt durch die freundliche Anerkennung seiner Examinatoren übergibt er die Lösung derselben jetzt der Oeffentlichkeit. Ausser wenigen Aenderungen und Zusätzen, die meist durch die freundliche Erinnerung des Herrn Professors A. v. Gutschmid veranlasst sind, hat die Arbeit die Gestalt bewahrt, in der sie den 30. November 1872 der Commission vorgelegt ward: möge sie, als ein ernster Versuch, eine nicht unwichtige Frage zu lösen, sich des Beifalls der Leser zu erfreuen haben.

Kiel, im März 1873.

B. N.

Wenn das ganze Alterthum an dem historischen Gehalte
schon der Ilias nicht zweifelte, so geschah es am wenigsten
bei dem Theile, der am meisten das Gepräge einer historischen
Urkunde trägt, dem Schiffskataloge, der die letzte Hälfte des
zweiten Buches der Ilias einnimmt. Seitdem man aber jetzt
erkannt hat, dass das Urtheil der Alten über ihr grosses Epos
irrig ist, erscheint die Consequenz zu erfordern, auch den
Katalog als reine Dichtung zu betrachten. Jedoch haben die
namhaftesten Forscher diesen Schluss keineswegs gezogen,
vielmehr der Βοιωτία gesondert von dem Epos einen beträcht-
lichen historischen Werth beigemessen; ich nenne O. Müller
und Grote, von denen jener z. B. aus ihm schliest, dass
einst Orchomenos mit Aspledon einen selbständigen Staat
gebildet habe (Orchomenos p. 210), dieser auf das Zeugniss
des Katalogs gestützt die Nachricht Herodots verwerfen zu
müssen glaubt, dass im peloponnesischen Achaia einst Ioner
gewohnt hätten (history of Greece II. p. 12)*). Jedoch unter-
liegt diese Auffassung des Schiffskatalogs als einer historischen
Urkunde für die Zeit vor der Rückkehr des Herakliden erheb-
lichen Bedenken, die theils aus allgemeinen Erwägungen
entspringen, theils in den Widersprüchen begründet sind,
in die seine Angaben mit unsrer sonstigen Ueberlieferung
treten. Und diesen Widersprüchen gegenüber — ich führe
die Erwähnung der Böoter im spätern Böotien, und die Eintheilung des nördlichen Peloponnes an — ist die Stellung der
genannten Gelehrten keineswegs klar; die Auskunft, die O.
Müller getroffen hat, der einzelne Theil des Katalogs verschiedenen Verfassern verschiedener Zeiten zuweist, ist nicht
zulässig, weil es einleuchtet, dass ein Werk, welches zur Ori-

*) vgl. II. p. 118, 234; III. p. 202 (d. Ausg. v. Newyork).

entierung über die vor Troia kämpfenden Helden dienen soll,
nicht wohl nach und nach entstanden sein kann, sondern nur
durch Vollständigkeit seinem Zwecke entspricht. Andrerseits
kann nicht geleugnet werden, dass das Ansehen des Katalogs
durch seine innere Beschaffenheit bedeutend unterstützt wird;
die Vollständigkeit, mit der die Landschaften und Städte in
Hellas aufgezählt werden, die genauen geographischen Kenntnisse, die sein Verfasser offenbar gehabt hat, drücken ihm einen
Stempel auf, der uns verbietet, ihn mit den Erzeugnissen der
Poesie auf gleiche Stufe zu stellen. Bei dieser Unsicherheit also,
die uns an einer klaren Schätzung des Katalogs hindert, dürfte
es sich der Mühe verlohnen, durch eine Untersuchung seines
historischen Werthes einen festen Standpunct für seine Benutzung zu gewinnen. Es wird dabei vor allem zu fragen
sein, was denn eigentlich der Katalog ist: von der Beantwortung dieser Frage wird wesentlich unser Urtheil über seinen
historischem Werth abhängen: hiezu wird es zunächst erfor-
derlich sein, sein Verhältniss zur Ilias, von der er ein Theil
ist, darzustellen.

Fast allgemein wird nun der Schiffskatalog als ein
Einschiebsel betrachtet, das mit den übrigen Theilen des
Epos nichts gemein habe. Die hauptsächlichsten Gründe
für diese Annahme hat O. Müller in seiner Geschichte
der griechischen Litteratur p. 93 ff. zusammengestellt.
Er rechnet hieher die Verbindung, in der die Schiffe
des Aias mit den Athenern stehn und den unhomerischen
Gebrauch des Wortes Πανέλληνες (v. 530), ferner die „mythisch-
historischen" Widersprüche zwischen dem Kataloge und
der Ilias betreffend die Person der Meges (N 692. O 519 zu
B 627) und Medon (N 693. O 334 zu B 727). Agamemnon
herrscht in der Ilias bekanntlich über das „ganze Argos"
(B 108); der Katalog aber gibt ihm einen beschränkten Besitz,
zu dem sogar die Stadt Argos nicht gehört; auch werden
hier die Böoter an ihren späteren Wohnsitzen angeführt,
während sie doch nach der herkömmlichen Chronologie damals
noch Thessalien bewohnten. Von den Inseln gar an der
asiatischen Küste, Rhodos, Kos u. a. sammt ihren Herrschern
Phidippos, Antiphos und Nireus findet man in der Ilias keine

Spur; nur Tlepolemos (von Rhodos) wird *E* 628 erwähnt,
ohne dass jedoch seine Heimath genannt würde. Gleicherweise finden sich Arkader, Perrhäber, Aenianen und Magneten
nur im Kataloge, nicht in der Ilias. In dem gleichen Verhältnisse zur Ilias steht das Verzeichniss der Troer und ihrer
Bundesgenossen; es fehlen da die Kaukonen und Leleger, die
dort nicht selten genannt werden, während hier wiederum die
Kikonen nicht vorkommen, die der Katalog aufzählt: nach
B 843 ff. 871 ff. werden der Myser Ennomos, die Karer
Nastes und Amphimachos vom Achill getödtet; nichts davon
steht in der Ilias, ja die beiden Karer werden nicht einmal
erwähnt. Diesen Belegen kann man ohne Zweifel noch das
Erscheinen des Protesilaos und Philoktet im Kataloge hinzufügen (v. 698. 718); der erstere wird im Epos zwar erwähnt
(*N* 681. *Π* 286) und seines Todes wird gedacht (*O* 706),
jedoch nur ganz nebenhin; Philoktet aber kommt erst in der
Odyssee vor; in der Ilias vertreten Teukros und der jüngere
Aias die Kunst des Bogenschiessens. Auch die kleinen erzäh-
lenden Einlagen, wie der Schmerz der Gattin des Protesilaos,
das Leiden des Philoktet auf Lemnos, die Eroberung Thebes
durch Achill (v. 700 ff. 721 ff. 690 ff.) gehen über die Ilias
hinaus: während erstere ganz ausserhalb ihres Gebietes liegen,
ist letzteres mit mehr Detail ausgeschmückt, als im Epos
gefunden werden kann. Nicht minder auffallend, wenn auch
nicht von gleicher Beweiskraft, ist das Fehlen solcher Orte,
die in der Ilias genannt sind: nicht eine einzige der sieben
messenischen Städte, die Agamemnon dem Achill verspricht,
(*I* 150 ff. 292 ff.) ist genannt, nicht einmal Pherae, das doch
zwei angesehene Männer, den Krethon und Orsilochos in
den Kampf geschickt hatte (*E* 542). *Θ* 203 sind Helike und
Aegae genannt, von denen nur Helike im Kataloge steht;
selbst das böotische Theben fehlt hier. Und nur wenige Orte
des Katalogs sind in der Ilias erwähnt: unter den wenigen
sind Hyle (*E* 708), Sikyon (*Ψ* 299), Trikka (*Δ* 202), Pleuron
und Kalydon (*N* 217) zu nennen; dazu wird der Fürst von
Sikyon nur deshalb genannt, weil er sich durch ein Geschenk
an Agamemnon von der Heerespflicht losgekauft hatte. Ich
übergehe den τρωικὸς διάκοσμος, da dieser wesentlich nur

eine Aufzählung von Volksnamen ist, obwohl man hier Tarne
die Heimath des Phaistos (*E* 44), Pedaios, woher Imbrasos
stammt (*N* 172), Kabassos, die Vaterstadt des Othryoneus
(*N* 363), anführen könnte, von denen keine im Kataloge Platz
gefunden hat.

Diese Thatsachen sind unbestreitbar, und der aus ihnen
gezogene Schluss, dass der Schiffskatalog von den übrigen
Büchern der Ilias zu trennen ist, unabweisbar; auch sind die
meisten der Neueren der Ausführung O. Müllers beigetreten:
so Nitzsch (Sagenpoesie der Gr. p. 127), A. Mommsen (Philol.
V. p. 522 ff.), Köchly (Zürcher Lections-Katalog von 1853),
Bernhardy (gr. Litt. II. 1. p. 161 f. 3. Aufl.) und neuerdings
auch Bergk (griechische Literaturgesch. 1. p. 556). Letzterer
führt mit Recht aus, dass die Erwähnung der Schiffe eines
jeden Contingents auf den Auszug von Aulis als die eigentliche
Stelle des Katalogs deute *) (p. 357. anm. 12), auch ist, wie
er bemerkt, die Erwähnung des Achill und der Myrmidonen
an dieser Stelle ganz unstatthaft, da sie sich ja des Kampfes
enthalten. Aehnliche Bemerkungen machen Raspe (der soge-
nannte Schiffskatalog, Güstrower Programm v. 1869) und
Kammer (zur homerischen Frage), angeführt bei Düntzer
homer. Abhandl. p. 228. Jedoch fehlt es auch nicht an
solchen, die den Katalog des Ilias erhalten wissen wollen;
mir ist bekannt geworden Baumlein in einem der Widerlegung
Köchly's gewidmeten Aufsatze (Fleckeisens Jahrb. LXXV (1857)
p. 34—46), wo jedoch keine überzeugenden Argumente vor-
geführt werden. Mit Recht bemerkt er übrigens, dass unsere
Frage von der nach der Einheit der Ilias unabhängig ist;
man wird sogar, wenn man an dieser festhält, um so mehr
darauf bestehen müssen, dass der Katalog sich in den Grenzen
des grossen Epos halte, muss also um so eher ein Stück
entfernen, das in keinem Falle als ein nothwendiger Bestandtheil gelten kann. Bemerkt ist der Widerspruch des Katalogs
und der Ilias schon von den Alten; sie suchten durch Athetesen
zu helfen, von denen durch Aristarch -- um von Zenodot zu
schweigen — v. 529—530, 860—861 betroffen wurden; auch
ist bekannt genug, dass v. 558:

---

*) vgl. G. Hermann, opuscula V. p. 59.

στῆσε δ᾽ ἄγων, ἵν᾽ Ἀθηναίων ἵσταντο φάλαγγες

nach einigen Zeugnissen (z. B. des Strabo IX. 1, 10 p. 394. schol. BV zu B 557), denen die Neueren fast allgemein zustimmen, von Pisistratos und seinen Gehilfen eingeschwärzt ist. Jedoch ist leicht zu erkennen, dass durch solche Athetesen die Widersprüche mit der Ilias nicht gehoben werden können, weil ja der ganze Katalog ein solcher ist.

Am ausführlichsten hat über unsern Abschnitt gehandelt A. Köchly (de catalogi Homerici genuina forma — Zürcher Lectionsverzeichniss v. 1853). Indem er der Ansicht A. Mommsens beitritt (Philologus V. p. 522), dass derselbe von einem Böoter verfast sei, weist er ihn der sogenannten hesiodeischen Dichtungsart zu, und unternimmt in dieser Voraussetzung, ihn nach dem Beispiele der Theogonie in Strophen zu theilen, deren jede fünf Verse umfast. Weil aber die meisten Abtheilungen in diese Form nicht passen, sieht er sich genöthigt, zahlreiche Athetesen vorzunehmen; und zwar ist nicht etwa ein Interpolator der Schuldige, sondern drei von verschiedener Begabung und in verschiedener Absicht haben sich das Vergnügen gemacht, die strophische Eintheilung zu zerstören. Ich stimme Köchly bei, dass es sich sehr empfiehlt, mit Mommsen einen Böoter als Verfasser des Katalogs anzunehmen, weil diess das einzige Mittel scheint, die höchst auffällige Anordnung desselben zu erklären; auch die Bemerkung ist zutreffend, unsere Dichtung habe mit der hesiodeischen Poesie *) mehr Verwandtschaft, als mit der homerischen, ohne dass ich jedoch zugeben könnte, als habe nicht auch ein „homerischer" Dichter in Böotien unsern Katalog verfassen können; unmöglich ist es aber, ihm in Betreff der Mittel zuzustimmen, die er im Interesse der Symmetrie zu ergreifen gezwungen ist. Eine ursprünglich symmetrische Gestalt ist überhaupt bei einem Erzeugnisse, das wie unser Katalog so wenig sangbar ist, eine sehr zweifelhafte Sache; dazu ist es ja trotz aller Bemühungen nicht geglückt, eine völlige Gleichmässigkeit zu erreichen, da der zehnte Abschnitt, das pylische Verzeichniss (591–602), die überschüssigen

*) es braucht nur an das Verzeichniss der Flüsse in der Theogonie erinnert zu werden (v. 337 ff.).

zwei Verse nicht abläst und diese Abweichung von dem allgemeinen Gesetze ohne Erklärung bleibt. *) Auch ist keineswegs der Fall, was p. 14. behauptet wird, dass von den hinausgeworfenen Versen die meisten schon anderweitig verdächtig seien. Warum ist z. B. v. 649—651 im Kataloge der Kreter interpoliert? Es wird hier eine ἀπορία der Alten benutzt; sie wusten das ἑκατόμπολις nicht mit τ 174 in Einklang zu bringen, wo Kreta nur 90 Städte hat, und geriethen auf die wunderlichsten Ausflüchte (Strabo X. 4. 15. p. 479). Aus der Stelle der Odyssee, meint Köchly, vereinigt mit I 383, woselbst das ägyptische Theben ἑκατόμπυλος genannt wird, habe der Fälscher des Compositum ἑκατόμπολις gebildet und den Meriones aus Stellen der Ilias wie H 165. Θ 263. P 258 hinzugenommen, ohne zu bedenken, dass dieser nur Diener und Begleiter des Idomeneus, nicht aber Fürst der Kreter sei. Ueber das erste Argument darf man wohl mit Stillschweigen hinweggehen: in Betreff des zweiten ist auf den Katalog der Argiver zu verweisen (559—568), wo neben Diomedes Sthenelos genannt wird, sein Wagenlenker und Diener Θ 113 f.

Νεστορέας μὲν ἔπειϑ᾽ ἵππους θεράποντε κομείτην
ἴφθιμοι Σθένελός τε καὶ Εὐρυμέδων ἀγαπήνωρ·

und dabei duldet der Katalog der Argiver, der gerade aus zehn Versen besteht, keinen Abzug. Ebensowenig kann die Unechtheit von 65ε—670 aus andern Gründen erwiesen werden, als weil sie sich der Symmetrie nicht fügen. Die Bedenken O. Müllers (a. a. O. vgl. Arginetica p. 42 f.) beziehen sich nicht auf die Tlepolemosepisode, sondern auf die Erwähnung der Rhodier, als Leute, die nicht in die troische Zeit passen. Diese Verse, wie 572, soll ein argivischer Rhapsode hinzugedichtet haben. Auch bei v. 686—694 kann der Beweis der Unechtheit nicht als geführt gelten (p. 20): Köchly sieht als den Verfasser der ersten fünf den an, welcher den Katalog der Ilias einverleibte; er giebt hier und sonst dankenswerthe Nachweise über die Art, wie die homerische Sprache nachgeahmt ist. Solche Entlehnungen **) aber und selbst Verstösse

---

*) vgl. Bernhardy a. a. O. p. 162.
**) Entlehnungen kommen auch in den nach Köchly's Ansicht echten Bestandtheilen vor, so ist v. 565 f. aus Ψ 677 f. genommen.

gegen den strengen Gebrauch können in diesem Falle nichts
beweisen, da der Katalog eingestandener Massen nach-
homerisch ist, die Nachahmung Homers aber die ganze spätere
Epik beherrscht. Dass ferner ausser der strophischen Rücksicht kein erheblicher Grund vorliegt vv. 700—702, 723,
742—746 zu tilgen, ersieht man aus Köchly's eigenen Worten;
z. B. p. 22 heist es: „de Philocteta primum bonum habemus
versum 723 interpositum, ut in variis de Philocteta fabulis
clades eius accuratius designaretur." Wenn er sich sodann
bei manchen Stellen auf das Beispiel Zenodots beruft, so
kann das natürlich in keiner Weise massgebend sein, weil
wir ja nicht wissen, sondern höchstens muthmassen können,
weshalb der Alexandriner athetierte. Und auch der Schein
eines Verdachtgrundes fehlt bei den Versen geographischen
Inhalts, die der Strophentheorie zum Opfer fallen, vv. 505,
507, 570, 572, 607, 634. Ueber die ersten beiden wird p. 17
gehandelt: im ersteren nimmt Köchly an dem Namen $\Sigma\iota\varkappa\upsilon\acute{\omega}\nu$
Anstoss, der nur Ψ 299 vorkomme, und für den ein hesio-
deischer Dichter $M\eta\varkappa\acute{\omega}\nu\eta$ gesagt hätte (Hesiod. theog. 536):
wir dagegen werden uns an dem Zeugnisse der Ilias genügen
lassen. Ein weiteres Argument ist die nach Köchly sehr un-
passende Erwähnung des Adrastos und es wird mit O. Müller
(gr. Litt. p. 94) vermuthet, dass ein argivischer Rhapsode
zur Zeit des Klisthenes von Sikyon den Vers interpoliert habe,
um diesem Feinde der Argiver und des Adrastos ein Aergerniss
zu geben. Im Gegentheil ist die Nennung des Adrastos als
ersten Königs von Sikyon ebensowenig anstössig, als wenn
v. 697 Kos die Stadt des Eurypylos genannt wird (v. A.
Mommsen a. a. O. p. 525): wenn der argivische Rhapsode
den Adrastos verherrlichen und den Klisthenes ärgern wollte,
so musste und konnte er jenem einige preisende Verse widmen:
überdiess ist es ganz unbegreiflich, wie sich ein vereinzelter
Betrug allgemeine Anerkennung sollte verschafft haben. Derselbe Fälscher soll dann v. 570 Korinth und Kleonä eingefügt
haben, weil er den weitberühmten Handelsplatz nicht uner-
wähnt lassen wollte, habe dabei jedoch übersehen, dass doch
Homer ihn nur unter dem Namen Ephyra kenne (Z 152, 210.
N 301 u. d. Scholl.). Hiedurch wird aber Kleonä nicht be-

troffen und der Dichter des Katalogs war ja ein hesiodeischer, der sich also um den homerischen Gebrauch nicht zu kümmern brauchte; um ganz davon abzusehen, dass *N* 664 ein Euchenor erwähnt wird *Κορινθόθι οἰκία ναίων*. Pag. 19 wird dargelegt, aus welchen Gründen die Entfernung von v. 634 geboten erscheine: er sei verfertigt nach ι 24 *Δουλίχιόν τε Σάμη τε καὶ ὑλήεσσα Ζάκυνθος*, was selbst wenn es wahr ist hier nicht ausreicht. Ferner verrathe den Interpolator die falsche Form *Σάμος*: denn irrthümlich habe Strabo X. 2. 11, p. 453 diese nach δ 671 für echt homerisch gehalten. Aber Strabo hatte ganz Recht: der Vers lautet in der That *ἐν πορθμῷ Ἰθάκης τε Σάμοιό τε παιπαλοέσσης* (vgl. Bäumlein a. a. O. p. 44). Was endlich noch vv. 505. 507. 607 betrifft, so ist hier Köchly selbst seiner Sache nicht gewiss: *Ὑποθῆβαι* wird entfernt, weil der Ort unbekannt ist: Arne soll nach einigen, wie schol. D. versichern, zur Zeit des troischen Krieges noch nicht gegründet sein: Tegea endlich und Mantinea werden beseitigt, weil sie die bekanntesten unter den arkadischen Städten sind und also am leichtesten interpoliert werden konnten.

Der Versuch Köchly's, die ursprüngliche Gestalt des Schiffskatalogs herzustellen, muss demnach mit Bäumlein als nicht gelungen angesehen werden. Ich bestreite dabei nicht, dass einer oder der andere Vers unecht sein könne, wie z. B. der Verdacht gegen 549—551, 553—555 nicht ganz ungerechtfertigt ist: es ist ein Verdacht, nicht mehr und nicht weniger. Wie schon bemerkt, ist es ganz unmöglich, durch Entfernung einzelner Verse die Uebereinstimmung mit der Ilias herbeizuführen. Denn wenn wir den gesammten geographischen Inhalt des Katalogs überblicken, so muss es deutlich in die Augen fallen, dass eine Zeit dargestellt wird, die hinter der dorischen Wanderung liegt: das mittlere Griechenland: Böotien, Attika, Phokis, Lokris und Aetolien erscheinen mit den in historischer Zeit bis zum Ende des 6. Jahrhunderts bestehenden Grenzen, die doch erst nach den grossen Wanderungen festgestellt sind. Auch der Peloponnes repräsentiert diese Zeit: voran steht Argos, das bekanntlich lange Zeit den Vorrang auf der Halbinsel behauptet hat, und Lakonien hat den Umfang, den es, soweit unsere Kenntniss reicht, vor den mes-

senischen Kriegen einnahm. In Thessalien bewohnen die
Perrhäber und Magneten die Gegenden, welche sie in historischer Zeit besassen: jene das Ufer des Titaresios (Europos),
diese den Pelion: gewiss sind sie aber erst durch den Ein-
bruch der Thessaler dahin zurückgedrängt. Das auffälligste
aber und sicherste Indicium für das vom Kataloge vertretene
Zeitalter ist die Erwähnung der dorischen Inseln Rhodos, Kos
und ihrer Nachbarn. Denn es ist sehr unwahrscheinlich,
dass sie schon vor den Doriern von griechischen Stämmen
besessen seien, wie Grote history of Greece III. p. 202 bemerkt und Herodot I. 171 andeutet, der die Dorier den
Karern unmittelbar nachfolgen lässt. Zum Ueberfluss wird
durch die Worte des Katalogs vv. 655 f.

οἳ Ῥόδον ἀμφενέμοντο διὰ τρίχα κοσμηθέντες
Λίνδον Ἰηλυσόν τε καὶ ἀργινόεντα Κάμειρον
und 668

τριχθά δὲ ᾤκηθεν καταφυλαδόν
dorische Bevölkerung angedeutet, da bei diesen bekanntlich
Dreitheilung der Stämme bestand (s. O. Müller Aeginetica p. 42).
Es ist aber ebenfalls bekannt, dass die Besiedelung jener
Inseln mit Einschluss von Kreta nach der dorischen Wanderung
besonders von Argos aus geschehen ist (Grote hist. II. p. 322 f.).
An eine Interpolation aber dieses Abschnittes, die u. a. auch
Bergk (gr. Lit. I. p. 559) anzunehmen scheint, ist nicht zu
denken, weil dann auch Kreta entfernt werden müsste, welche
mit den übrigen Inseln geographisch zusammenhängt und
isoliert eine zu auffallende Stelle einnehmen würde. Freilich
streicht Düntzer (homerische Abhandlungen p. 214 ff.) auch
die Kreter, obgleich Idomeneus nicht fehlen darf: ebenso
entfernt er vv. 638—644, 729--737, 756—759 *), weil durch
diese Abschnitte die geographische Reihenfolge gestört werde.
Es ist schwer zu sagen, was durch ein solches athetierendes
Verfahren gewonnen wird; man beabsichtigt zweierlei, entweder Herstellung der Eintracht mit der Ilias, oder Glätte
der Form: jene ist aber nach dem oben bemerkten schwerlich

*) Diese Athetesen nimmt Düntzer im Zusatze (p. 221 ff.), wo er die
Köchlysche Theorie aufgibt, nicht zurück.

je zu erreichen, diese ist von sehr zweifelhaftem Werthe,
weil zu befürchten ist, dass man mit ihrer Herstellung zugleich
die Originalität des Verfassers zerstört. Auch die auffallende
geographische Ordnung kann zu so bedeutenden Ausschei-
dungen kein Recht geben: man hätte sich doch sagen sollen,
dass ein Interpolator, dem man solche geographische Kenntnisse
zutraut, auch die richtige Stelle für seine Ergänzungen gefunden haben würde. Es kommt auf das gleiche Ziel heraus,
wenn man mit O. Müller verschiedene Abschnitte verschiedener
Zeit zuweist: besonders dem pylischen Verzeichnisse gibt
Müller ein hohes Alter, während er das rhodische für jünger
hält: sein Urtheil gründet sich auf historische Daten, die
jedoch, wie wir sehen werden, hier keine Beweiskraft haben.
Mir scheint es vor allem geboten zu sein, den Katalog so
wie er uns vorliegt zu prüfen, um so über Entstehung und
Werth desselben ein Urtheil fällen zu können. *)

Wir stimmen also O. Müller zu, dass der Schiffskatalog
nicht in die Ilias past, und wir können ihn um so eher entfernen, ohne zu befürchten, damit ein organisches Glied abzu-
schneiden, als der Gedanke, die Hellenen vor Troia nach
ihren Stämmen zu ordnen und stammweise kämpfen zu lassen,
ausser in der ἐπιπώλησις Ἀγαμέμνονος in der Ilias nirgendwo
wiederkehrt. Vielmehr werden auch geringere Streiter als
unmittelbar unter Agamemnon stehend, ihm und dem Menelaos
zur Ehre kämpfend dargestellt. So E 550 Krethon und Orsilochos aus dem messenischen Pherae

> τὼ μὲν ἄρ᾽ ἡβήσαντε μελαινάων ἐπὶ νηῶν
> Ἴλιον εἰς εὔπωλον ἅμ᾽ Ἀργείοισιν ἑπέσθην
> τιμὴν Ἀτρείδῃς Ἀγαμέμνονι καὶ Μενελάῳ
> ἀρνυμένω·

während sie doch zum Contingente des Nestor gehören musten,
wenn die Idee des Katalogs befolgt wurde. Trotzdem darf
nicht verkannt werden, dass der Katalog für die Ilias bestimmt ist und zwar für die Stelle, welche er heute einnimmt,
wie schon die Ueberlieferung zeigt. So deutet es auf die
Ilias hin, wenn erklärt wird, warum Protesilaos, Philoktet

---

*) vgl. A. Mommsen p. 522.

und Achill nicht am Kampfe theilnehmen; wir werden dadurch
belehrt, dass schon viele Kämpfe und die im ersten Gesange
der Ilias erzählten Ereignisse vergangen sind *). Auch findet
sich ein directer Hinweis auf nachfolgende Ereignisse: v. 763
werden als die besten Rosse die des Eumelos gepriesen,
ein Lob, das sich, wie Bergk a. a. O. p. 565, anm. 30 mit
Recht annimmt, auf das Wagenrennen im 23. Buche bezieht,
wo die Rosse des Eumelos die besten und göttlicher Abstammung genannt werden und ihnen nur in Folge eines
durch Athene veranlassten Unglücksfalls der Kampfpreis ent-
geht (Ψ 346, 375, 391, 479, 536) **). Ich brauche nicht hinzuzufügen, dass die meisten der Helden, deretwegen der Katalog
ja episches Interesse hat, in der Ilias glänzen, um den Schluss
zu ziehen, dass unser Verfasser in ganz bestimmter Absicht
für diese Stelle der Ilias gearbeitet hat. Das scheint auch
Lachmann gefühlt zu haben, wenn er (Betrachtungen p. 13)
unsern Abschnitt in die Lieder vom Zorne des Achilleus auf-
nimmt: diejenigen hingegen, welche ihn ganz ausstossen und
isolieren, scheinen sich nicht vorgestellt zu haben, was denn
der Katalog in dieser Gestalt, allein, ohne Anlehnung an ein
Epos bedeuten solle. Ganz anderer Art sind doch ein κατάλογος
γυναικῶν oder die Ἠοῖαι, die man so gerne vergleicht: das sind
eine Reihe kleiner Epen oder Erzählungen, deren jede für sich
ein ganzes bildet: der Schiffskatalog aber, die Localisierung
und Aufzählung der vor Troia kämpfenden Helden, hat ohne
diese Kämpfe, d. h. die Ilias, keinen Halt: diese kann wohl
ohne ihn, nicht aber er ohne sie bestehn: er verhält sich zu
ihr, wie etwa die Anmerkungen zum Texte eines Schrift-
stellers: jene sind um dieses willen da und wären ohne ihn
nie entstanden. Wenn nun unser Verfasser trotzdem, dass
er für die Ilias schrieb oder sang, sich so bedeutende Abweichungen von ihr erlaubte, so kann das nicht an seiner
Absicht gelegen haben, sondern nur an der Ausführung, oder
den Mitteln, die ihm hiefür zu Gebote standen, d. h. an seinen

---

*) vgl. Nitzsch. Sagenpoesie I. p. 127.
**) Hieher kann auch gezogen werden, dass v. 565 f. aus Ψ 677 f
entlehnt ist.

Quellen. Da nun die Ilias bei weitem nicht für alles, insbesondere nicht für das geographische Material zu Grunde gelegt sein kann, so bleibt uns die Alternative zu entscheiden, ob der Verfasser aus eigenem Wissen geschöpft oder nach einer schon vor ihm existierenden Quelle gearbeitet habe. Bei der Beantwortung dieser Frage, muss selbstverständlich der hellenische Theil des Katalogs von dem troischen geschieden werden, weil sowohl Umfang als Beschaffenheit ihrer Information verschieden ist.

Im hellenischen Theile, mit dem wir beginnen, sind wiederum die Völker, Städte, Länder etc. von den Fürsten und den epischen Zuthaten zu trennen, weil letztere der Dichtung, jene aber der Wirklichkeit angehören, und ihre Kenntniss also nicht auf die gleiche Weise gewonnen werden kann. Um mit dem geographischen Theile zu beginnen, so konnte der Verfasser seine verhältnissmässig sehr gründliche und reiche Kenntniss von den Völkerschaften, ihren Ländern und Städten sich sehr wohl durch Erkundigungen und eigene Reisen erwerben. Wir müssen ihm dann zugestehen, dass er ein sehr unterrichteter Mann war, wie z. B. das Bild, welches er vom mittleren Hellas entwirft, vortrefflich mit unsern Nachrichten aus späterer Zeit übereinstimmt: und wir hätten allen Grund, ihm auch in den Dingen Glauben zu schenken, die mit unserer sonstigen Kenntniss in Widerspruch stehen; er wäre ein unmittelbarer Berichterstatter der ältesten Zeit, und es wäre zu verwundern, warum man sein Werk nicht ganz und ohne Rückhalt zur Grundlage der älteren griechischen Geschichte gemacht hat. Hiegegen will ich nicht anführen, dass man schwer begreift, wie er denn dazu kam, gerade für den Schiffskatalog so eingehende Studien zu machen, oder wie es zuging, dass er auch ganz unbedeutende Stämme, wie die Aenianen, Perrhäber und Magneten der Ehre der Ilias würdigte: er kann ja seine besondern Gründe dazu gehabt haben. Aber wir verlangen mit Recht von einem landeskundigen Manne, dass er die Lage der von ihm genannten Orte kenne und nicht geographisch unmögliche Verbindungen herstelle. Diese berechtigte Forderung wird aber von unserm Katalogisten nicht erfüllt, und zwar ist es Thessalien, wo seine

Unwissenheit deutlich zu Tage tritt. Hier eröffnet den Reigen
v. 681 Achill mit den Städten Alos, Alope und Trachis:
ihm folgt Protesilaos mit Phylake, Pyrasos, Itone, Antron und
Pteleon. Alos*) aber liegt am pagasäischen Meerbusen, südlich
von Pyrasos, östlich von Itonos und Phylake, nördlich von
Pteleon und Antron: die Stadt des Achill ist also ringsum
von denen des Protesilaos eingeschlossen. Sollte sich dessen
der Verfasser wohl bewust gewesen sein, als er dem Achill
diese Städte zutheilte? oder ist damals schon das Enclavenwesen
aufgekommen? — Ferner hat Eumelos die Städte Pherae, Boebe,
Glaphyrae und Iolkos: von diesen liegen Pherae und Boebe
an beiden Seiten des boebeischen Sees, Iolkos am Meere:
sie bilden ein Dreieck und man sollte glauben, dass das innerhalb
desselben gelegene Gebiet ungestört dem Eumelos angehöre.
Allein es drängt sich ihm Eurypylos auf, der nach v. 734 ff.
Ormenion, die Quelle Hyperea, Asterion und das Gebirge
Titanos zu seinem Gebiete zählt; denn nicht nur liegt wohl
schon Ormenion auf dem Eumelos zugetheilten Gebiete — es
lag etwa am boebischen See, jedenfalls östlich von Pherae,
zwischen diesem und dem Pelion, da es zu den Städten ge-

---

*) Denn es ist wenigstens für mich nicht zweifelhaft, dass mit Alos
hier die bekannte Stadt am pagasäischen Meerbusen zwischen
Antron und Pyrasos gemeint ist. Es ist nöthig das zu bemerken,
weil sowohl Strabo (IX. 5. 8. p. 433 καὶ ἡ Ἄλος δὲ Φθιῶτις
καλεῖται καὶ Ἀχαιικὴ συνάπτουσα τοῖς Μαλιεῦσιν), als Stephanos v. Byz. (p. 71. 16 v. Ἄλος — δύο δὲ Παρμενίσκος
Ἄλους ἱστορεῖ τὸν μὲν Μαλιακὸν ὑπὸ Ἀχιλλεῖ τὸν δὲ ὑπὸ
Πρωτεσιλάῳ), die vermuthlich auf denselben Autor zurückgehen,
zwei Alos annehmen, das im Kataloge erwähnte achilleische verschieden von dem bekannten, das dem Protesilaos gehört habe. Es
ergibt sich aber schon aus der wenig bestimmten Art, wie dieses
achilleische Alos angeführt wird, dass wir eine blosse Vermuthung
der Homeriker vor uns haben, die das unsinnige der hier gegebenen
Eintheilung erkannten und zu verbessern suchten. Wir erfuhren
aus Strabo, dass manche das achilleische Alos sogar bei den östlichen Lokrern suchten, obwohl diese ihren eigenen Katalog haben.
Weder die Lage jenes zweiten Alos wird bestimmt, noch wird ein
sicheres Zeugniss seiner Existenz beigebracht: man ist also wohl
in seinem Rechte, wenn man es als einen Versuch zur Lösung
einer Aporie betrachtet.

2*

hörte, aus welchen Demetrins zusammengezogen ward (Strabo
IX. 5. § 15 p. 436. § 18 p. 438) — sondern auch die Quelle
Hyperea befand sich mitten in Pherae nach der ganz bestimmten von ihm selbst mit dem Ausdrucke der Verwunderung
mitgetheilten Angabe Strabos § 18 p. 439. Diese Nachricht
ist um so glaubwürdiger, als sie mit dem Schiffskataloge,
zu dessen Erläuterung sie dienen soll, auf keine Weise in
Einklang zu bringen ist, und man kann sich darüber verwundern, dass Strabo keinen Versuch macht, den Homer zu
retten: wäre ihm oder seiner Quelle ein solcher bekannt geworden, würde er sicherlich nicht unterlassen haben, ihn zu
erwähnen, und wir können es getrost für eine Vermuthung
und zwar eine Vermuthung jüngerer Zeit halten, wenn nach
dem Scholiasten zu Pindar Pyth. IV. 221 v. 711 von einigen
so gelesen ward:

οἳ δέ Φερὰς ἐνέμοντο ἰδὲ κρήνην Ὑπέρειαν.

Titanos und Asterion sind nicht· genau zu bestimmen:
doch lagen auch sie in der Umgegend von Pherae. Die
fehlerhafte Abgrenzung der Gebiete, wie sie aus dem gesagten
hervorgeht, läst sich dadurch nicht entfernen, dass man mit
Unger (Hellas in Thessalien. Philologus Supplem. II. p. 642 ff.)
ein mythisches Pherae annimmt, verschieden von dem historischen: höchstens könnte man als solches Altpherae verstehen,
das nach Stephanus Byz. v. Φεραί p. 662, 15 acht Stadien
vom jüngern entfernt lag; damit ist aber nichts geholfen.
Ebensowenig darf man, wie Unger es thut, die Existenz der
Quelle Hyperea in Pherae bezweifeln: auch stimme ich ihm
nicht bei, wenn er gegen die Autorität Strabos, der sich ganz
bestimmt ausdrückt, Ormenion im Nordwesten von Pherae sucht.
Er identificiert es mit Armenion, einem Orte, der nach Strabo
XI. p. 503, 530 zwischen Pherae und Larisa lag. Dieser
Ausdruck ist jedoch so wenig genau, dass man den Ort wohl
mit Bursian (griech. Geographie I. p. 103) für gleichbedeutend mit Orminion erklären kann. Asterion endlich wird
von Unger in die Nähe von Pharsalos gesetzt (p. 734 f.),
was aber keineswegs sicher ist, da nach Stephanos Byz.
v. Πειρασία p. 514. 8 und Schol. Apoll. Rhod. I. 583 Piresia,
das mit Asterion gleichbedeutend sein soll (s. Steph. Byz.

v. Ἀστέριον p. 138, 17), in Magnesia liegt, ein Ansatz, mit dem auch Strabo's πλησίον τῶν Ἀφετῶν übereinstimmt, wenn dort richtig ergänzt ist. Selbst aber wenn Asterion von Unger richtig angesetzt ist, so ist es doch von Ormenion und der Quelle Hyperea völlig getrennt, und wir haben auch hier eine verwirrte Gebietseintheilung des Katalogisten zu constatieren. — Auf Eumelos von Pherae folgt Philoktet: er beherrscht die* Städte Methone, Thaumakia, Meliboea und Olizon, Orte, die sämmtlich auf der Halbinsel Magnesia liegen. Nun hat sich schon Strabo IX. 5. 21. p. 441 gewundert, dass neben diesen magnetischen Städten später v. 756 die Magneten unter Prothoos besonders vorkommen, und zwar damit an ihrer Identität mit den historischen kein Zweifel aufkomme, mit dem Zusatze

οἳ περὶ Πηνειὸν καὶ Πήλιον εἰνοσίφυλλον
ναίεσκον.

Dieselbe Erscheinung wiederholt sich v. 735: hier sehen wir Argissa, Gyrtone, Orthe, Elone und Oloosson unter dem Lapithen Polypoetes. Alle diese Städte liegen am linken Ufer des Peneios: die nördlichsten sind Oloosson und Elone am Fusse des Olymp (Strabo § 19 p. 439 f.), nahe dem Titaresios. Nun finden wir aber, dass Guneus die Perrhäber führt (v. 748)

οἵ τ' ἀμφ' ἱμερτὸν Τιταρήσιον ἔργ' ἐνέμοντο

so dass ohne Frage die historischen Perrhäber, die nördlichsten aller Hellenen, gemeint sein müssen, deren an beiden Seiten des Titaresios liegende Städte schon genannt sind. Ausdrücklich nennt Strabo Gyrton, Phalanna, Oloosson, Elone perrhäbische Städte: er meint, unter den Perrhäbern seien hier die ganz nördlich im Gebirge wohnenden zu verstehen, muss aber zugleich andere Perrhäber annehmen, die unter den Lapithen in der Ebene gewohnt hätten: gegen diese Hypothese spricht aber schon der angeführte Vers 748. Wir haben also im Kataloge die Magneten und Perrhäber doppelt aufgeführt, das eine Mal die Städte ohne den Stammnamen, das andere Mal die Stammbezeichnung ohne die Städte; und dieses, in Verbindung mit der oben angeführten geographisch unmöglichen Eintheilung, berechtigt zu dem Schluss, dass die Abschnitte, die der Katalogist in Thessalien macht, sinnwidrig

und unmöglich sind. Hierauf gestützt werden wir uns nicht
verwundern, wenn wir noch einen Fall entdecken, wo sich die
geographische Unwissenheit unseres Verfassers zeigt. An die
Stadt Dorion im Verzeichnisse des Pylier wird v. 544 ff.
die Blendung des Thamyris angeknüpft; nun hat aber schon
die Alten der Zusatz beunruhigt:

Οἰχαλίηθεν ἰόντα παρ' Εὐρύτου Οἰχαλιῆος·
sie sahen sich dadurch genöthigt, ein Oechalia in dieser Gegend
anzunehmen, das sie an die Stelle des späteren Andania setzten
(ε. Strabo VIII. 3. 6. p. 329, 25. p. 350), wie Demetrius von
Skepsis that. Dazu passen aber wiederum nicht die Worte
παρ' Εὐρύτου Οἰχαλιῆος, die sehr deutlich auf das thessalische
Oechalia πόλιν Εὐρύτου Οἰχαλιῆος hinweisen: man müste also
doch den Thamyris die weite Reise machen lassen, zumal da
das arkadische Oechalia sehr wenig beglaubigt ist. Strabo
sagt: εἰ μὲν γὰρ ἦν Θετταλική, οὐκ εὖ πάλιν ὁ Σκήψιος
Ἀρκαδικήν τινα λέγων, ἣν νῦν Ἀνδανίαν καλοῦσιν. vgl. Pausanias IV. 2, 2; 33, 5; 3, 10; 26, 6 f. Hier ist man aber
versucht zu fragen, wie denn Thamyris von Oechalia nach
Messenien kam und wohin er gehe: man denkt zunächst,
dass er nach Hause geht; aber seine Heimath war am Athos
und die Musen sind in Pierien zu Hause. Alle diese Bedenken
sind aber geschwunden und Oechalia, die Stadt des Eurytos,
ist zu ihrem Rechte gekommen bei Hesiod, der ebenfalls die
Blendung des Thamyris erzählte und nicht Dorion, sondern
die Ebene Dotion als Ort der Begebenheit angab (nach Oros
bei Steph. Byz. p. 258. 1. v. Δώτιον)*): hierauf scheint auch
die leise Andeutung bei Strabo zu führen p. 350 Δώριον
δ' οἱ μὲν ὄρος, οἱ δὲ πεδίον φασίν; denn Hesiod hatte die
Fabel localisirt Δωτίῳ ἐν πεδίῳ. Dieser Ort passt so vortrefflich zu allen Umständen, von denen jene Begebenheit be-
gleitet war, dass wir nicht anstehen, ihn für den ursprünglichen

---

*) Markscheffel Fragm. Hes. p. 389 wollte für Ἡσίοδος Ἡρωδιανὸς
lesen: seine Bedenken sind von Meineke z. d. St. völlig widerlegt.
Uebrigens scheint auch Sophocles im Thamyras dem Hesiod gefolgt zu sein, wie Welcker griech. Tragödien I. p. 419 wahrscheinlich macht, wo sich auch die sonstigen Zeugnisse über Thamyris gesammelt finden.

zu erklären. Liegt nun nicht die Vermuthung nahe, dass der
Verfasser des Katalogs, durch die Namensähnlichkeit von
Dotion und Dorion getäuscht, die Episode an verkehrter
Stelle eingeschoben habe, ohne zu bemerken, welche Schwierig-
keiten aus der Entfernung der messenischen Stadt von Oechalia
entstünden?

Es darf hienach als bewiesen gelten, dass der Verfasser
unseres Schiffskatalogs der geographischen Kenntnisse entbehrt:
damit entsteht ein Widerspruch zwischen der unleugbar
trefflichen Information einerseits und der gröbsten Unwissenheit
andrerseits; dieser Widerspruch lässt sich nur durch die Annahme lösen, dass unser Autor nicht aus eigener Kenntniss
geschöpft, sondern eine schon vor ihm bestehende Aufzeichnung
von Völkern und Städten benutzt habe. Es ergibt sich aber
aus der Beschaffenheit der oben erwähnten Irrthümer, dass
diese geographische Quelle verschieden gewesen sein muss
von der, aus welcher die Namen der Helden und alles auf
das Epos bezügliche genommen sind. Diese sind es ja,
welche die Perrhäber und Magneten von ihren Städten trennen:
die Städte des Protesilaos und Achill, der Eumelos und Eurypylos bilden zusammen je ein geschlossenes Territorium: getrennt, und zwar ungeschickt getrennt sind sie, weil sie unter
zwei Fürsten zu vertheilen waren. Die Arbeit des Verfassers
unseres Schiffskatalogs bestand also darin, dass er in seine
geographische Quelle die Namen der Heroen eintrug, die an
der Belagerung Troias theilgenommen hatten; die Irrthümer
und Verwirrungen rühren daher, dass die Zahl der unter-
zubringenden Namen grösser war, als die der Abtheilungen,
welche er in seiner Quelle vorfand. Unkundig, wie er war,
und indem er seine Vorlage als ein blosses Repertorium für
Ortsnamen betrachtete, riss er verbundenes auseinander, um
für einen Helden ein Königreich zu gewinnen, unbekümmert
um den geographischen Zusammenhang des so entstandenen
Gebietes. Auf ein ähnliches Verfahren lässt der bei Dorion
begangene Irrthum schliessen: der Name stand in der Quelle
und der Bearbeiter glaubte damit die hesiodeische Geschichte
von Thamyris verbinden zu können. Auch aus kleineren Sachen
ersieht man die selbständige Existenz des geographischen Ver-

zeichnisses: v. 748 wird Guneus genannt: diess ist das Ethnikon
der Stadt Gonnoi (Grote history I. p. 290), und man sollte
also erwarten, dass diese im Kataloge nicht fehlen werde:
v. 679 werden Phidippos und Antiphos genannt, Söhne des
Herakliden Thessalos; dieser ist aber der Eponym der Thessaler, die sich von ihm auf verschiedene Weise ableiten
(Tzetzes z. Lykophr. 911. Velleius 1. 1. 1.); sie fehlen jedoch
im Katalog, ohne die es doch nie einen Heros Thessalos
gegeben hätte. Ich glaube demnach ein unabhängiges Verzeichniss von hellenischen Landschaften, Stämmen und Städten
annehmen zu müssen, das durch Hinzufügung der Fürsten
und der Schiffe zu dem uns vorliegenden Schiffskataloge ver-
arbeitet worden ist. So erklärt es sich auch, warum Philoktet
so auffallender Weise mit den magnetischen Städten ausge-
stattet ist (v. 716 ff.), denn seine Heimath ist nicht am Pelion,
sondern am Octa, wo er vom sterbenden Herakles den Bogen
empfangen hat und wohin er von Lemnos zurückzukehren
wünscht (Sophokles Philokt. 488 ff. 724 ff.): dieser Platz ward
aber mit mehr Gewicht vom Achill in Anspruch genommen,
und sein Rival muste sich mit einem andern Gebiete begnügen.

Der Name des Philoktet erinnert uns daran, über die
Herkunft auch des zweiten Theiles unsers Katalogs, soweit
es uns möglich ist, einige Worte zu sagen. Es kommt dabei
besonders darauf an, diejenigen Fürstennamen und Ereignisse,
welche in der Ilias keinen Platz gefunden haben, auf ihre
Quellen zurückzuführen. Es sind folgende Namen: der Phoker
Epistrophos (v. 517), der Arkader Agapenor (v. 609), die
Epeer Thalpios und Polyxenos (vv. 720. 723), Nireus von
Syme (v. 671), Phidippos und Antiphos von Kos (v. 678),
Guneus der Perrhäber (v. 748) und Prothoos der Magnete
(v. 756). Von Philoktet ist schon bemerkt, dass er in die
Ilias nicht gehört, hingegen spielt er bekanntlich in den
kyklischen Epen eine bedeutende Rolle: seine in Folge des
Schlangenbisses erfolgte Fortschaffung von Tenedos nach
Lemnos erzählten die Kyprien (s. Proklos Chrestom. p. 235
Westphal): seine Einholung durch Odysseus und Diomedes
ward in der kleinen Ilias von Lesches berichtet (Proklos p. 238).
Nun findet sich im Kataloge sowohl sein Exil auf Lemnos,

als auch seine später erfolgende Rückkunft angedeutet wird:
unser Verfasser hat also das spätere Epos gekannt und benutzt.
Dasselbe erschliessen wir aus der Art, wie die Erwerbung
der Briseïs durch Achill geschildert wird: in der Ilias wird
zwar die Bezwingung des Mynes (*T* 296), nicht aber die des
Epistrophos erwähnt: es ward hierüber wohl in den Kyprien
ausführlicher gehandelt, wo, wie wir aus den Auszügen des
Proklos (p. 236) ersehen, die Eroberung von Lyrnesos, Pedasos
und anderer Städte beschrieben ward. Auf dieselbe Quelle,
die Kyprien, können auch die Verse zurückgeführt werden,
in denen der Tod des Protesilaos und der Schmerz seiner
Wittwe geschildert wird. In demselben Gedichte ward wahrscheinlich auch der schöne Nireus erwähnt, der bei den
Kämpfen gegen Telephos mitwirkte *); und auch Phidippos
nebst Antiphos können hier ihre Stelle gefunden haben, da sie
Diktys II. 5 bei dieser Gelegenheit nennt: sonst erfahren wir
von den beiden Koern nur noch durch Tzetzes zum Lykophron
v. 911: Antiphos kommt darnach auf der Heimfahrt nach Thessalien, das er nach seinem Vater so benennt; Phidippos erreicht nach mehreren Irrfahrten Cypern**): ob diese Sagen den
alten Nosten entnommen sind, kann ich freilich nicht beweisen.
Ausserdem können wir noch Polyxenos von Elis und Guneus
nebst Prothoos in dem ältern Epos nachweisen: ersterer kam
in der Telegonie des Eugammon vor; nach seiner Heimkehr
besucht ihn Odysseus als alten Waffengefährten (Proklos p. 241.
Welcker ep. Cycl. II. p. 251). Ueber Guneus und Prothoos
gibt uns wiederum Tzetzes z. Lyk. v. 899 eine Notiz: beide
werden in Gesellschaft des Eurypylos auf der Heimkehr nach
Libyen verschlagen, während nach einem ebendaselbst erhaltenen Fragmente aus Apollodors Bibliothek (p. 386 Heyne)
Guneus allein dorthin gelangt, Prothoos aber an der Kapheri-
schen Klippe Schiffbruch erleidet. Hieraus ersehen wir, dass
ihre Schicksale in den Nosten besungen wurden: in den Auszügen aus Hagias von Troezen wird freilich ihrer nicht gedacht (s. Proklos p. 240). Aus einer ähnlichen Quelle mag

---

*) s. Welcker ep. Cycl. II. p. 140.
**) anders Velleius Paterc. I. 1. 1.

die Erzählung Lykophrons v. 478 ff. stammen, dass Agapenor
nach Kypros verschlagen ward*): Epistrophos der Phoker fiel
nach Tzetzes zu v. 1067 sammt seinem Bruder Schedios vor
Troia. So bleibt nur Thalpios übrig, den ich nur in dem
Verzeichnisse der Helenafreier bei Apollodor bibl. III. 10. 8
erwähnt finde. Dieses Zeugniss wäre freilich werthlos, wenn
Apollodor aus unseren Schiffskataloge geschöpft hätte, jedoch
ist dieses nicht wahrscheinlich, weil Amphilochos, der Sohn
des Amphiaraos, darin erwähnt wird, dagegen der Aetoler
Thoas, die Böoter Arkesilaos, Prothoenor, Klonios u. a., die
bei Homer angeführt werden, übergangen sind; man wird
daher die Stelle benutzen dürfen, um zu zeigen, dass doch
wohl auch Thalpios im Epos als Kämpfer um die Ehre des
Menelaos gefeiert ist. Dass unser Verfasser das nachhome-
rische Epos benutzte, scheint mir somit nicht zweifelhaft; noch
einfacher würde das Verhältniss sein, wenn, wie wir vermuthen dürfen, etwa schon in den Kyprien eine Aufzählung
der gen Troia ziehenden Fürsten sich fand. Eine passende
Gelegenheit bot die Versammlung in Aulis, um etwa in der
Weise, wie Apollonios im Eingange der Argonautika, jeden
neuen Ankömmling mit Angabe seiner Abstammung und Heimath dem Hörer vorzuführen. Der Verfasser unseres Schiffskatalogs würde in diesem Falle sehr leichte Arbeit gehabt
haben, und es liesse sich auch wohl erklären, wie diese Quelle
nicht nur auf die Wahl der Namen sondern auch auf ihre
Localisierung eingewirkt hat, die in manchen Fällen durchaus
unhomerisch ist. Schon A. Mommsen a. a. O. p. 524 hat
gezeigt, dass die böotischen Fürsten keineswegs alle in der
Ilias als solche genannt werden (z. B. nicht Leitos (N 91.
P 601), Prothoenor (Ξ 450), Klonios (O 340)); nirgends werden
Askalaphos und Ialmenos als Minyer bezeichnet. Warum
sind ferner Amphimachos und Diores (N 185. $\varDelta$ 517) Führer
der Epeer? dass hier keine Willkühr geherrscht, sieht man
ja an ·Polyxenos, der auch bei Eugammon über Elis herrscht.
Aus der Ilias stand hier nicht nur Meges zu Gebote, der im
Kataloge über Dulichion herrscht, sondern auch aus N 692

---

*) vgl. Herodot VII. 90 und dazu Stein, Strabo XIV. p. 683.

Amphion und Drakios und aus O 518 Ὦτος Κυλλήνιος
μεγαθύμων ἀρχὸς Ἐπειῶν: trotzdem sind Amphimachos und
Diores, die in der Ilias als Epeer nicht vorkommen, mit noch
zwei anderen an die Spitze gestellt: alle vier sind bei Apollodor
unter den Freiern der Helena und scheinen im nachhomerischen
Epos einen Platz gehabt zu haben: welche Erklärung bleibt
uns da übrig, als dass die Quelle des Katalogs nicht nur für
die Namen sondern auch für die Stelle der Achäerfürsten
massgebend gewesen ist? Diesen Einfluss würde das Verzeichniss in den Kyprien, wie ich es mir denke, ausgeübt
haben können: auch für die Aufzählung der Schiffe, die in
unserem Kataloge entschieden anstössig ist, würde so eine
gute Erklärung gewonnen sein. Wir werden uns aber diese
Musterung der Theilnehmer am Feldzuge bei der zweiten
Versammlung und Abfahrt in Aulis zu denken haben, sonst
würden wir wohl Thersander erwähnt finden, der nach der
Kyprien (Proklos p. 235) durch Telephos fällt: bei der zweiten
Abfahrt wird Peneleos an seine Stelle erwählt (Pausan. IX. 5. 8).
Nicht wahrscheinlich, ja kaum möglich ist es, dass sich in
diesem von mir vermutheten Verzeichnisse auch die kleinen
hie und da in den Schiffskatalog eingestreuten Erzählungen
befanden. Undenkbar ist es von den Versen über Achilleus,
Protesilaos und Philoktet, weil dadurch der nachfolgenden
Erzählung vorgegriffen wäre; auch kann die Thamyrisepisode
nicht wohl von dort her stammen, weil sie nicht an einen
Helden, sondern an eine Stadt angeknüpft ist. Den Stoff
dieser kleinen Erzählungen wird sich unser Verfasser also
wohl aus dem Vorrathe der epischen Poesie geholt haben,
besonders aus den Kyprien, wie schon oben gedacht ist.
Ueber Thamyris scheint Hesiod seine Vorlage gewesen zu sein:
indess gab es ja in jedem Epos so viele Gelegenheiten, der-
artiges zu erzählen, dass dieses und anderes ebensowohl
anderswo vorgekommen sein mag. Den zweiten Haupttheil
unseres Schiffskatalogs würde also nach meiner Vermuthung
das Fürstenverzeichniss in den Kyprien bilden, das auch die
im nachhomerischen Epos gefeierten Helden umfaste. Dazu
würde als dritter Bestandtheil der hie und da eingelegte epische
Zierrath kommen. Sind diese Stücke auch nicht an so über-

zeugenden Indicien kenntlich, als der geographische Theil, so ist doch meine Muthmassung nicht unwahrscheinlich und erklärt manches, was uns sonst räthselhaft bliebe.

Die bisher gemachten Erörterungen müssen als eine nothwendige Vorarbeit zur Beantwortung der uns gestellten Frage, zur Beurtheilung des Schiffskatalogs als historischer Urkunde, angesehen werden. Wenn es nun wahr ist — und ich glaube es bewiesen zu haben —, dass ihm ein älteres geographisches Verzeichniss zu Grunde liegt, in das die Achäerfürsten wohl oder übel hineingezwängt wurden, so ergibt sich schon aus einem solchen Verfahren, sowie aus der erwiesenen Unkenntniss geographischer Verhältnisse, mit der es geschehen ist, dass den Abtheilungen des uns vorliegenden Schiffskatalogs als solchen ein historischer Werth nicht zugeschrieben werden kann. Auf das alte Verzeichniss kommt es an: diesem, als es noch nicht durch die Gewaltthaten des Katalogisten verunstaltet war, werden wir das Lob der Reichhaltigkeit und Zuverlässigkeit zuwenden; ihm und seinen Abtheilungen wird demnach auch der Charakter einer historischen Urkunde zugesprochen werden, soweit ein geographisches Werk darauf Anspruch machen kann. Unsere Aufgabe wird es also sein, nach Entfernung der Fürsten mit ihrem Zubehör die Abtheilungen des alten Verzeichnisses zu erkennen, und da, wo sie verwischt sind, nach Möglichkeit wieder herzustellen. Dabei wird uns die Unwissenheit des Bearbeiters die Bürgschaft geben, dass er seine Quelle materiell im wesentlichen unberührt gelassen hat. Nirgends finden wir geographische Begriffe, die dem Epos entlehnt sind — höchstens die Epeer könnte man als solche ansehen —; und wir sind also wohl berechtigt, in dem uns vorliegenden Bestande das Eigenthum des alten Verzeichnisses zu erkennen. Nur in der Trennung einzelner Gebietstheile sehen wir die Hand des Bearbeiters, jedoch muss man bemerken, dass diese Operation für seine Zwecke ganz unerlässlich war und sich nur durch die Ungeschicklichkeit bemerklich macht, mit der sie vollzogen ist. Auch die ursprüngliche Reihenfolge der Landschaften wird erhalten sein: sie ist so auffallend und besonders mit homerischen Anschauungen so unvereinbar, dass der Bearbeiter, wenn er

geändert hätte, sicherlich nicht diese Gestalt hergestellt haben
würde: diess wird besonders dann gelten, wenn er ein Klein-
asiate war, wie es doch wahrscheinlich ist, da die Bearbeitung
für die Ilias gemacht ward.

Wenn wir die Namen der Fürsten, die Zählung der
Schiffe entfernen und auf diese Weise den Inhalt unsern alten
Verzeichnisses herausschälen, so ergeben sich die meisten
Abtheilungen ganz von selbst. Sie sind ja, wie es in der
Natur der Sache liegt, kenntlich an dem Volks- oder Landesnamen, durch den eine Gruppe von Ortschaften zusammen-
gefast wird; fehlen diese, so haben wir nur eine Reihe von
Städten, über deren Verhältniss zu einander uns das geographische Verzeichniss keine Auskunft gibt. Man wird natürlich
darauf achten müssen, ob sich innerhalb einer solchen Reihe
geographische Einheiten erkennen lassen; diess wird jedoch
erschwert, weil sich innerhalb der einzelnen Gruppen der Bearbeiter ohne Zweifel manche Aenderung der Reihenfolge erlaubt
hat, wie es sich bei seinem Verfahren kaum vermeiden liess.

Zuerst im mittleren Hellas ist die Eintheilung klar und
unzweifelhaft: Böotien Phokis Lokris zeigen den Umfang, der
ihnen in historischer Zeit zukommt; erst gegen Ende des
sechsten Jahrhunderts hat Böotien seine Grenze gegen Attika
etwas verändert, indem es Graea (Oropos) und Platnea verlor.
Orchomenos und Aspledon hören von selbst auf, eine besondere
Abtheilung zu bilden, da sie ja nur durch ihre Fürsten von
Böotien getrennt sind. So entspricht das Verzeichniss auch
durchaus der Tradition, denn zur Zeit als Platnea schon zu
Böotien gehörte, das doch nach dem Ausspruche der Thebaner
(bei Thukydides III. 61. 2) das jüngste Glied des Bundes
war, hatte Orchomenos gewiss schon längst seine Selbständig-
keit verloren. Seine Blüthe liegt in grauer Vorzeit, da es
noch ein seemächtiges Mitglied der Kalaurischen Amphiktyonie
war (Strabo VIII. 6, 14 p. 374), und seine Unterwerfung
unter die Böoter wird mit deren Eindringen in ihre neue
Heimath in Verbindung gebracht (Strabo IX. 2, 3 p. 401,
Grote hist. II. p. 294), ja sogar schon dem Herakles zugeschrieben (Apollodor bibl. II. 4, 11. vgl. Thirlwall history of
Greece I. p. 128). Ob Aspledon damals schon, wie späterhin,

zu Orchomenos gehörte, läst sich natürlich aus unserer Stelle
nicht ermitteln; der Bearbeiter hat es wohl darum mit Orchomenos verbunden, weil er beide schon in dem alten Verzeichnisse zusammen genannt sah. Auffallend ist jedoch, dass
die westlichen (ozolischen) Lokrer nicht erwähnt sind; möglich
ist es immerhin, dass der Bearbeiter sie fortgelassen hat, aber
nicht wahrscheinlich; denn der einzige Grund, den er dazu
haben konnte, wäre doch gewesen, dass sie im troischen Sagen-
kreise keinen Platz gefunden; diese Rücksicht hätte aber zur
Entfernung mindestens auch der Aenianen geführt, die wahrlich
nicht zu den sagenberühmten Stämmen gehören und dennoch
im Schiffskataloge geblieben sind. Die einfachste Erklärung
des auffallenden Umstandes scheint vielmehr zu sein, dass zu
der Zeit, als das Städteverzeichniss angelegt ward, diese Lokrer
eine durchaus untergeordnete Stellung gehabt haben; besonders
werden sie, wie man vermuthen darf, noch keine nennens-
werthen Städte besessen haben. Aus v. 535

Λοκρῶν, οἳ ναίουσι πέρην ἱερῆς Εὐβοίης

darf man schwerlich schliessen, dass dem Verfasser des alten
Verzeichnisses die westlichen Lokrer bekannt gewesen seien,
da dieser Vers ganz wohl von dem Bearbeiter herrühren kann,
zumal da er sich nicht unmittelbar an den geographischen
Theil anschliest, sondern auf die Zahl der Schiffe folgt. Noch
räthselhafter ist das Fehlen der Stadt Theben im böotischen
Kataloge, wo an ihre Stelle Ὑποθῆβαι zu treten scheint.
A. Mommsen p. 525 führt diese Erscheinung als ein Beispiel
der historisierenden Weise des Katalogisten an, der Theben
ausgelassen habe, weil es nach Δ 406 zerstört war; zugleich
erklärt er nach Strabo IX. 2, 32 p. 412 Ὑποθῆβαι für einen
Ort, der am Fusse der Kadmea, des eigentlichen Theben,
gelegen habe. Obwohl es nun, nach den vielen Widersprüchen
mit der Ilias zu urtheilen, die der Bearbeiter ruhig im alten
Verzeichnisse gelassen hat, nicht gerade wahrscheinlich ist,
dass er Theben aus dem angeführten Grunde beseitigt hätte,
so ist es doch ganz wohl möglich und man müste der Momm-
senschen Erklärung beitreten, wenn Theben einfach fehlte und
nicht Hypotheben an seine Stelle getreten wäre. Denn
da zur Zeit des Bearbeiters, wie weiterhin sich ergeben

wird, Hypotheben an Thebens Stelle nicht bestanden haben
kann, so müste jener Name seiner Phantasie entsprungen
sein, was aber schon aus der Art des Namens nicht wohl
möglich ist. Also wird jener Ort wohl aus dem altem Verzeichnisse entnommen sein; seine Bedeutung ist von Mommsen
mit Wahrscheinlichkeit erklärt, da jedenfalls der Ort die Stelle
Thebens vertritt; freilich gibt es, soviel mir bekannt ist, kein
anderweitiges Zeugniss, dass der Name Theben ursprünglich
auf die· Kadmea beschränkt gewesen sei. Ueber Euboea
braucht nichts bemerkt zu werden; ebenso wird Athen, wenn
es auch allein angeführt wird, durch seinen Namen hinlänglich
bezeichnet; sein Gebiet wird durch Böotien begrenzt. Es
kann hier aber die Frage aufgeworfen werden, ob Salamis
isolirt stehe oder mit Athen verbunden war. Der berühmte
Vers

$$\sigma\tau\tilde{\eta}\sigma\varepsilon\ \delta'\ \ddot{\alpha}\gamma\omega\nu\ \tilde{\iota}\nu'\ \grave{}A\vartheta\eta\nu\alpha\acute{\iota}\omega\nu\ \ddot{\iota}\sigma\tau\alpha\nu\tauo\ \varphi\acute{\alpha}\lambda\alpha\gamma\gamma\varepsilon\varsigma$$

kann hier nichts beweisen, es wäre jedoch immerhin denkbar,
dass der Bearbeiter durch diese Wendung hätte andeuten
wollen, dass er in seiner Quelle die Insel mit Athen verbunden
fand. Denn wie schlecht die Sage von der pisistratidischen
Interpolation beglaubigt ist, brauche ich nach der vortrefflichen
Darstellung von K. Lehrs (Aristarch. epimetrum IV p. 442 ff.)
nicht zu bemerken. Der Neid megarischer Localhistoriker
hat wahrscheinlich diese und ähnliche Geschichten in Umlauf
gesetzt (v. Markscheffel. Hesiod. rell. p. 162 anm.). Es kann
sich hier nur darum handeln, ob Salamis unabhängig war,
oder ob es zu Athen gehörte, als unser Verzeichniss abgefast
ward; Megara kann nicht in Betracht kommen, weil es
gar nicht genannt ist; auch Argos oder Korinth, die alte
Herrin Megaras, kann keinen Anspruch auf die Insel erheben,
weil diese dann wohl neben Aegina oder noch weiter zurück
gesetzt wäre. Aus unserm Verzeichniss läst sich die Frage
nicht entscheiden, jedoch ist es hier das nächstliegende und
sprechen noch andere Umstände dafür, dass Salamis ursprünglich zu Athen gehört habe und dass die Eroberung durch
Solon als eine Wiedereroberung zu betrachten sei; die Zähig-
keit, womit die Athener den Kampf führten, das Schieds-
gericht der Spartiaten (Plutarch. Solon X), ferner die Aus-

drücke in der Solonischen Salamis: *᾿Αττικὸς οὗτος ἀνὴρ τῶν Σαλαμιναφετῶν*, nnd der Schluss, wo der Dichter auffordert, die Schmach zu rächen, alles das läst sich am besten auf einen solchen Sachverhalt deuten.

Wir gehen zum Peloponnes über, wo wir zunächst die Städte der Nordseite mit Argos beginnend aufgereiht finden: die östliche Gruppe gehört dem Diomedes, die westliche dem Agamemnon. Es kann aber nicht erwiesen werden, so interessant es auch sein müste, dass auch das alte Verzeichniss diese beiden Gruppen unterschieden hat, weil keine von beiden durch einen Volks- oder Landesnamen bezeichnet ist; allerdings ist der *αἰγιαλός* eine Landschaft, die jedoch schon durch ihren Namen auf einen Theil des agamemnonischen Gebietes beschränkt ist. Ferner bilden freilich beide Gruppen je ein abgerundetes Gebiet, allein man wird leicht bemerken, dass dies rein zufällig ist, daraus entstanden, dass mit Argos begonnen und von da zuerst nach Osten dann nach Westen fortgeschritten ward. Der Bearbeiter hatte hier den Agamemnon und Diomedes einzureihen; dieser ward in Argos [*]) localisiert (Ξ 119 ff. Ψ 470 ff.), jenem muste nach *II* 180 *Δ* 46 und der einstimmigen Tradition Mykenae gegeben werden, mit dem zugleich die Reihe der westlich von Argos belegenen Städte begann. Ueberdiess läst sich die vom Bearbeiter herrührende Eintheilung in keiner Weise mit den Zuständen in Einklang bringen, die auf die Heraklidenwanderung folgten; denn ebensogut Sikyon, Phlius und Kleonae, als Epidauros und Troezen werden nach der Tradition von den argivischen Doriern besetzt (s. Grote hist. II. p. 311). Wir haben also eine Gruppe von Städten vor uns: nur der *αἰγιαλός* ist ein Landesname, der hier also noch die Stelle des späteren Achaia vertritt; er umfast natürlich nicht nur Helike, sondern auch die in den beiden voraufgehenden Versen erwähnten Ortschaften. Es ist auch nicht wahrscheinlich, dass ein Volks- oder Landesname vom Bearbeiter ausgelassen sei, da sich, so viel mir bekannt, aus älterer Zeit ein Gesammtname weder für die späteren

---

[*]) Allerdings ist er wie Tydeus eigentlich ein Aetoler (s. *Δ* 399, *Ψ* 470, Strabo X. 2. 25. p. 462).

Achäer noch für die Argiver nachweisen läst. So heist Polos
von Epidauros, der in der 17. Ol. siegt, einfach Epidaurius
(Clinton fasti hell. p. 172); Ol. 6 wird Oebotas von Dyme,
Ol. 23 Ikarios von Hyperasia als Sieger verzeichnet (Clinton
p. 156, 180), aber keiner von beiden heist Achäer (vgl. Grote
hist. II. p. 332). Was noch den Aigialos betrifft, so hat Grote
(II. 12) auf Grund unserer Stelle die Angabe Herodots (I. 145)
bezweifelt, dass er vor der dorischen Wanderung von Ionern
bewohnt worden sei. Es braucht nicht bemerkt zu werden,
dass dieser Zweifel schwerlich begründet ist, da der Katalog für
jene Zeit überhaupt gar nicht angeführt werden darf; das Versetzen ins heroische Zeitalter ist ja die Fiction des Bearbeiters
und die Folge des Anschlusses an die Ilias. Ausserdem könnte
man Grote einwenden, dass der Katalog ebensowenig pelopon-
nesische Achäer kennt: nur in der Phthiotis wird von ihm
dieser Volkstamm genannt. — Hingegen Lakedämon, zu dem
wir übergehen, bildet deutlich eine Einheit: voran steht der
Landesname Λακεδαίμων, der die nachfolgenden Städte in sich
begreift; das von ihnen besetzte Gebiet entspricht durchaus
dem Begriff, welchen wir uns von Lakonien vor den messenischen Kriegen machen dürfen, wogegen natürlich nichts
bedeutet, dass Αὔγειαι (v. 583) nicht recht bestimmbar ist
(s. Bursian Geogr. v. Gr. II. p. 145). Ob gegen Osten
Spartas Gebiet schon bis an den argolischen Busen gereicht,
ist nicht zu erkennen, da diese ganze Strecke nicht berührt wird.
  Erhebliche Schwierigkeiten aber macht das Verzeichniss
der Pylier; nicht nur ein Stamm- oder Landesname fehlt,
sondern es ist auch nicht das geringste Kenntzeichen der
Zusammengehörigkeit der genannten Städte vorhanden. An
Lakonien sie anzuknüpfen, wäre formell zwar statthaft, würde
aber dem Umfang dieser Landschaft zu sehr vergrössern, die
doch niemals bis an den Alpheios gereicht hat, an dem nach
des Katalogs eignen Worten Thryon lag. Diess ist aber der
einzige Ort, der wenn auch nur annähernd bestimmt ist: die
Lage der übrigen ist höchst unsicher. Bekannt ist der Streit,
der sich um Pylos erhob (Strabo VIII. 3. p. 350 ff.), und wenn
auch die übrigen nicht so umstritten waren, so sieht man doch
aus den Worten Strabos, der hier wie überall über die home-

rischen Orte unsere Hauptquelle ist, dass auf diesem von so
vielen und schweren Kämpfen heimgesuchten Boden es oft
unmöglich war, die alten Ortschaften wiederzufinden. Man
hat, wie begreiflich, die hier genannten Städte als das Reich
des Nestor aufgefast, und dieses bis an den Alpheios, ja
noch drüber hinaus sich erstrecken lassen (Strabo u. a. O.
Bursian II. p. 273 anm. 2), wenn wir gleich nicht wissen,
ob nach der Absicht des alten Katalogs die genannten Städte
ein politische oder geographische Einheit darstellen sollen.
Nun kommt hier weder eine der von Herodot IV. 148 erwähnten Minyerstädte vor, noch eine Ortschaft der Pisatis
(aufgezählt bei Bursian II. p. 288): hieraus hat O. Müller
(Orchomenos p. 367 ff.) geschlossen, dass die Pylier der älteste
Theil des Schiffskatalogs seien und ihre Aufzeichnung in eine
Zeit gehöre, die noch vor der Einwanderung der Minyer in
Triphylien liege. Auch wir würden diesem Schlusse beitreten,
nur würden wir hinzufügen, dass der Katalog noch vor der
dorischen Wanderung geschrieben sein müsse, da wir Steny-
klaros und die übrigen messenischen Orte (Strabo VIII. 4. 7.
p. 361) vermissen — denn das Reich des Nestor umfaste ja auch
Messenien — und wir hätten also eine Zeit für diesen Theil des
Katalogs anzunehmen, die noch vor Homer läge. Aber Müllers
Ansicht gründet sich auf die Voraussetzung, dass im Katalog
ein bestimmtes, geschlossenes Territorium dargestellt sei:
dafür aber fehlt es an jedem Anzeichen und wir müssen uns
an einer Reihe von Städten genügen lassen, deren Lage nur
sehr ungenügend bekannt ist. Zunächst Pylos war nach
Strabos Entscheidung das triphylische; ihm folgt O Müller
(Orchomenos p. 363); jedoch haben sich die Neueren von dieser
Ansicht losgesagt: Bursian II. 176 f. und die von ihm citierten
E. Curtius (Peloponnes p. 174 ff.) und Vischer (Erinnerungen
p. 436) kehren mit Recht zu dem messenischen Pylos zurück:
die günstige Lage und die Tradition (s. O. Müller a. a. O. p. 364)
unterstützen ihre Ansicht, während die von Strabo beigebrachten
Stellen der Ilias und Odyssee bekanntlich von sehr schwacher
Beweiskraft sind. Noch bedenklicher sind freilich die von
Bursian für seine Ansicht angeführten Sehenswürdigkeiten,
Reste alter Mauern in Koryphasion, die Grotte des Hermes

und das Grab des Nestor im spätern Pylos. So wird denn
auch das in unserm Kataloge verzeichnete Pylos das messe-
nische sein, obwohl freilich seine Identität mit dem mythischen
nicht erwiesen werden kann. Arene ist nicht zu bestimmen:
nach einer Vermuthung bei Strabo VIII. 3. 19. p. 346 war
ihre Akropolis in Samikon erhalten; andere hielten sie für
gleichbedeutend mit Ἔρανα (p. 348), vgl. Steph. Byz. 117. 14
Ἀρῆναι πόλεις δύο· Μεσσήνης καὶ Τριφυλίας. Pausanias (V. 6. 2)
konnte die Lage der Stadt, die in der Sagengeschichte eine
ansehnliche Stelle einnimmt (s. IV. 2. 4; 3. 7), nicht mehr
ermitteln: er fand jedoch bei Lepreon eine Quelle des Namens
vor (V. 5. 6) und hier in der Makistia mag der Ort gelegen
haben (vgl. Strabo VIII. 3. 19. p. 347). Thryon am Alpheios
war nach Strabo p. 349 das spätere Epitalion; nach derselben
Stelle suchten einige Αἶπυ bei Margalai in der Amphidolia
am rechten Ufer des Alpheios, wo es jedoch entschieden zu
nördlich angesetzt scheint und schon in Elis hineinragen würde.
Bursian p. 284 hält es für das spätere Epion, schwerlich mit
Recht, weil die Namensähnlichkeit zu gering ist — die Formen
Αἰπίον, Ἤπιον, Ἤπειον sind offenbar Corruptelen von Ἔπιον —:
vielleicht ist in der Ebene Αἰπάσιον bei Lepreon (Strabo VIII. 3.
§§ 19 u. 21, p. 347 f.) die Spur eines ehemals dort belegene
Αἶπυ erhalten. Von Kyparisseeis ist ungewiss, ob darunter
ein Fluss oder eine Stadt zu verstehen sei (Strabo p. 348 f.);
in letzterem Falle mag es mit dem messenischen Kyparissia
identisch sein (Bursian p. 178), obwohl Strabo anders urtheilt.
Amphigeneia lag nach demselben p. 349 in der Makistia
bei Hypsoeis, Pteleon nicht weit davon an einem später
Pteleasimon genannten unbewohnten Orte. Ueber Helos
schwanken die Angaben; nach dem Namen zu urtheilen lag
es wohl bei den Sümpfen, die sich südlich von Samikon an
der Meeresküste entlang ziehen. Endlich Dorion wird wieder
verschieden bestimmt: dem Pausanias ward es im nördlichen
Messene, östlich von Kyparissia gezeigt (IV. 33. 7; Strabo
p. 350). — Es scheinen besonders Ortschaften an der Meeresküste im Kataloge verzeichnet zu sein, Pylos und Kyparissia,
wahrscheinlich auch Thryon, Helos und, wenn meine Vermuthung
richtig ist, Aipy lagen in der Nähe der See: die meisten von

8*

ihnen scheinen in Triphylien gelegen zu haben; dagegen wird
keine in das eigentliche Messene, die Ebene des Pamisos,
gesetzt. Diese Gegend wird vom Kataloge ganz übergangen,
eine Erscheinung, die wohl noch auffälliger ist, als das Fehlen
der westlichen Lokrer. Wenn man nicht etwa zu der Erklärung greifen will, dass der Bearbeiter ein im alten Kataloge
vorhandenes Verzeichniss messenischer Städte nicht hinübergenommen habe, weil er bedachte, dass die Messenier nicht
mit gegen Troia gezogen seien, so wird man annehmen müssen,
dass in der Zeit, die der alte Katalog vertritt, Messenien
unbedeutend und seine Städte, unter denen sich keine See-
städte befunden zu haben scheinen, klein gewesen seien.
Grote hat es sehr wahrscheinlich gemacht, dass die Dorier
durchaus nicht das ganze Gebiet beherrschten, welches später
Messene heist (II. 332): vielleicht war damals schon das Land
von Sparta gedemüthigt: schwerlich dürfen wir jedoch hieraus
auf eine Abfassungszeit des Katalogs schliessen, die hinter
den messenischen Kriegen läge: damit würde das pylische
Verzeichniss nicht übereinstimmen, von dem manche Stadt in
das von Sparta eroberte Gebiet fallen würde.

Wie Arkadien von Natur ringsum fest begrenzt wird, so
sondert es sich auch im Kataloge durch seinen Namen bestimmt
ab und bedarf keines Commentars; dass die Lage einiger Ortschaften ungewiss ist, kann dabei nichts ausmachen (s. Steph.
Byz. v. Ἐνίσπη p. 271. 1. Strabo VIII. 8. 2 p. 388). Auch der
Umfang des folgenden Verzeichnisses ist viel weniger proble-
matisch, als der des pylischen. Zwei Landschaftsbezeichnungen
Elis und Buprasion (über Buprasion s. Strabo VIII. 3. 8. p. 340)
stehen voran: die vier sodann erwähnten Orte sind Hyrmine,
das spätere Hormina bei Kyllene (Bursian II. p. 309), Myr-
sinos, später Myrtuntion genannt, nördlich der Stadt Elis,
der Fels von Olenos, der spätere Skollis, an der nordöst-
lichen Grenze von Elis, und Aleision, nachher Alesiaion genannt, ein Marktflecken, der erst zur Pisatis, dann den Am-
phidolern gehörte (Strabo VIII. 3. 10. p. 341. Bursian II. p. 289).
Diese letzte Bestimmung ist allerdings nicht vereinbar mit
Nestors Erzählung Ilias Λ 757, er habe die Eleer verfolgt

ὄφρ' ἐπὶ Βουπρασίου πολυπύρου βήσαμεν ἵππους
πέτρης τ' Ὠλενίης καὶ Ἀλεισίου ἔνϑα κολώνη
κέκληται,

wonach Aleision im nördlichen Elis zu suchen wäre: indess
darf man bekanntlich von einer homerischen Erzählung geographische Genauigkeit nicht erwarten. Wenn nun jene vier
Orte richtig bestimmt sind, so ergibt sich, dass der Katalog
nicht nur das eigentliche Elis umfast, sondern auch Pisa,
da Aleision zu den pisatischen Städten zählte: hiemit stimmt
gut überein, wenn in der zweiten Ol. Pisa zu Elis gehört;
denn der Name des Siegers, des Antimachos aus Dyspontion,
einer Stadt der Pisaea, lautet bei Steph. Byz. v. Δυσπόντιον
p. 245. 15 Ἀντίμαχος Ἠλεῖος ἐκ Δυσποντίου (s. Clinton fasti
Hell. p. 152): erst zur Zeit des zweiten messenischen Krieges
gelang es den Pisaten sich zeitweilig loszumachen (Grote hist.
II. p. 434). *) Auch ist es nicht nöthig, zwischen Eleern und
Pisaten Stammesverschiedenheit anzunehmen, wie Bursian II.
p. 273 f. und die von ihm angeführten Schriftsteller thun,
nach deren Meinung diese dem achäischen Stamm angehört
haben: ihre Feindschaft mit den Eleern entstand vielmehr aus
dem Kampfe um die Agonothesie bei den Olympien, also um
materielle Interessen: einer früheren Verbindung beider steht
dabei nichts im Wege. Man braucht sich nicht zu verwundern,
dass im Kataloge Pisa selbst nicht erwähnt wird, da es höchst
wahrscheinlich, wie Elis, ein Landesname war, wie man aus
der Notiz bei Strabo VIII. 3. 31. p. 356 schliessen muss, dass
es sich unter den acht pisatischen Städten nicht befand:
sonst würde diese Thatsache ganz unerklärlich sein. Dass
die v. 619 erwähnten Epeer wahrscheinlich vom Bearbeiter
herrühren, ist schon oben bemerkt; auch äusserlich stehen
sie mit dem geographischen Theile des Abschnitts in keiner
Verbindung und müssen daher mit ihrer Umgebung aus-
geschieden werden. Einige Bekanntschaft mit der epischen
Ethnographie dürfen wir bei dem Bearbeiter wohl voraussetzen.
  Wir lassen jetzt die Gruppe folgen, welcher der Bearbeiter
den Odysseus zum Führer gegeben hat (v. 631 ff.). Das Volk,

---

*) Ol. 34 nach Pausan VI. 22. 2; Ol. 26 nach Strabo VIII. 3. 30. p. 355.

über das er herrscht, sind die Kephallener, von deren Existenz
noch der Name Kephallenia, das alte Same, Zeugniss ablegt.
Nicht nur die Inseln Zakynthos, Samos und Ithaka werden
hier genannt, sondern auch Akarnanien und Leukas, auf die
man mit grosser Wahrscheinlichkeit die Ausdrücke ἤπειρος
und ἀντιπέραια zu beziehen hat (v. 635): in diesen Gegenden
werden Krokylia und Aigilips angesetzt (Strabo X. 2. 8. p. 451 ff.
VIII. 6. 17. p. 376), wenn man sich auch darüber nicht einig
war (Steph. Byz. v. Κροκύλειον p. 386. 7). Wir werden also
aus unserm Verzeichnisse wenn auch nicht auf staatliche Ge-
meinschaft, so doch auf Stammverwandtschaft dieser Gegenden
schliessen dürfen, wie denn auch die Inseln gewissermassen
die Fortsetzung des Festlandes bilden. Es sind noch Dulichion
und die Echinaden nachzuholen, die als eine besondere Herr-
schaft dem Epeer Meges untergeben sind: diese auffallende
Stellung motiviert der Bearbeiter ausdrücklich und scheint
darin dem Vorgange älterer Dichtungen gefolgt zu sein
(s. Schol. AD zu 629). Nicht minder auffallend ist hier jedoch
die isolierte Stellung jener kleinen Inseln, und da diese aller
Wahrscheinlichkeit nach erst durch das Hinzufügen des Meges
veranlast ist, so fragt es sich, welcher der beiden Nachbar-
gruppen sie beigegeben waren. Sie fallen ja nach Entfernung
der späteren Zuthaten an Elis: hiegegen spricht aber ihre
Lage; denn da wir sie jedenfalls an der akarnanischen Küste
zu suchen haben (Strabo X. 2. 19. p. 458. Bursian I. p. 127),
so waren sie doch gewiss auch kephallenisch. Es dürfte also
anzunehmen sein, dass sich der Bearbeiter hier eine Umstellung
erlaubt hat: vielleicht wollte er dem Epeer Meges neben seinem
Stammlande einen Platz geben. Ueber die Actoler, die auf
die Inselgruppe folgen, ist nichts zu bemerken: ihre Städte,
soweit sie hier Platz gefunden haben, liegen in der Ebene
am Meere unter dem Arakynthos. Olenos aber und Pylene
bestanden in späterer Zeit nicht mehr, jedoch scheint ihre Lage
ziemlich sicher bestimmbar zu sein (Strabo X. 2. 3—6. p. 450 f.,
§ 22 p. 460). Auch über die jetzt folgenden dorischen
Inseln können wir kurz hinweg gehen: für uns sind es ja
nur einzelne Namen, über deren Beziehung zu einander wir
aus dem Verzeichnisse keine Auskunft erwarten können.

Wir gehen zu dem letzten und schwierigsten Theile des
hellenischen Katalogs über, in dem der Bearbeiter die kennt-
lichsten Spuren seiner Thätigkeit hinterlassen hat, zu Thessalien. Wir sahen, dass hier mehrmals zusammengehöriges
getrennt ist, zugleich bemerkten wir, dass sich viermal je zwei
Stücke zu einer geographischen Einheit verbinden lassen,
dass der Bearbeiter also vier Abtheilungen des alten Verzeichnisses halbiert hat. Denn sowohl die Perrhäber und
Magneten bilden mit ihren Städten vereinigt ein normales
Verzeichniss, als auch die Orte des Achill und Protesilaos,
des Eumelos und Eurypylos, wenn zusammen gelegt, ein
abgeschlossenes Territorium ausmachen, und wir erhalten auf
diese Weise fünf Abtheilungen: 1) die Städte des Achill und
Protesilaos (I. II.)*); 2) die des Eumelos und Eurypylos
(III. VI.); 3) die der Asklepiaden (V.); 4) die Perrhäber
(VIII. VII.); 5) die Magneten (IX. IV.); den Perrhäbern sind
dann noch als sechster Theil die Aenianen hinzugefügt. Diese
Abtheilungen bilden sich der Natur gemäss, sobald wir von
dem Grundsatze ausgehen, dass in einem geographischen Verzeichnisse die einzelnen Theile geographisch zusammenhängen
müssen. Sobald man es anerkennt, dass es ein Unding ist,
den Namen der Magneten und Perrhäber von der Grundlage
zu trennen, auf welcher allein er beruht und ohne die er nicht
existieren würde, nämlich von den Wohnsitzen; sobald man
eingesehen hat, dass sich hierin das ganz oberflächliche und
rohe Verfahren eines Menschen verrathe, dem es nur um
die Worte und Namen zu thun war, der sich aber um ihre
Bedeutung nicht bekümmerte: sobald man, sage ich, zu dieser
Erkenntniss gekommen ist, wird man sich auch der Noth-
wendigkeit nicht widersetzen können, die durch einen gewalt-
thätigen Schnitt getrennten Hälften zu vereinigen. Allerdings
muss sich der Bearbeiter hier eine grössere Willkühr in der
Stellung der einzelnen Stücke erlaubt haben, als anderswo; vielleicht erklärt sich jedoch einiges aus der Absicht, die Perrhäber,
Aenianen und Magneten den Schluss bilden zu lassen, vielleicht

---

*) Die in Klammern gesetzten lateinischen Ziffern deuten auf die
Reihenfolge der einzelnen Stücke im heutigen Schiffskatalog.

wollte er auch die Fürsten in einer bestimmten Ordnung auf
einander folgen lassen: dass aber diese Umstellungen stattgefunden haben, scheint mir aus geographischen Gründen
unleugbar zu sein. Jedoch mit der Vereinigung der getrennten
Hälften sind wir noch nicht am Ziele: die so hergestellten
Abtheilungen sind noch von ungleicher Beschaffenheit: die
Magneten freilich, Perrhäber (und Aenianen) erfüllen alle
Erfordernisse eines richtigen Verzeichnisses; zweien jedoch
fehlt der Stammname gänzlich und die erste Abtheilung ver-
fügt sogar über deren drei: diese drei (1. 2. 3.) Abschnitte
sind es also, mit denen wir uns noch zu beschäftigen haben.
Auf dem ersten Blick scheinen sich auch diese wiederum zu
einem Ganzen zu vereinigen unter dem allen voranstehenden
Namen Πελασγικὸν Ἄργος. Indess ist es schon an sich nicht
eben wahrscheinlich, dass unsere drei Gebiete im alten Verzeichnisse eine Einheit gebildet hätten, weil jeder ja für sich
schon eine zusammenhängende Landschaft ist: sodann aber
passt der Name Πελασγικὸν Ἄργος weder für ganz Thessalien
mit Einschluss der Magneten, Perrhäber und Aenianen *),
noch für die Gesammtheit unserer drei Abtheilungen; selbst
nicht für den Theil, dem er unmittelbar voransteht, ist er
angemessen. Denn wie Unger (Philolog. XXI. p. 3) bemerkt,
ist es die eigentliche Benennung für die grosse Ebene in der
Pelasgiotis, die nach Strabo IX. 5. 22. p. 443 (vgl. § 5. p. 431)
auch Πελασγικὸν πεδίον genannt wird: auf diese so fruchtbare
Gegend weist auch der gewiss recht alte Spruch beim Scholiasten zum Theokrit Id. XIV. 48 (auch Deinias), dessen
Anfang lautet:

Γαίης μὲν πάσης τὸ Πελασγικὸν Ἄργος ἄμεινον.

Durch diese Incongruenz nun ist Unger auf die Vermuthung
geführt, der Katalogist meine unter Ἄργος πελασγικὸν eine
Stadt, die jedoch in Wahrheit nie existiert habe: er habe sie
nach T 329 erfunden, wo Achill sagt

οἷον ἐμὲ φθίσεσθαι ἀπ᾽ Ἄργεος ἱπποβότοιο.

---

*) Das war die Auffassung des Aristarch und anderer Homeriker,
s. Lehrs Aristarch p. 227 Strabo VIII. 6. 5. p. 369.

Diese Ansicht steht selbstverständlich mit unserer Vermuthung
über die Entstehung des Schiffskatalogs in Widerspruch,
abgesehen davon, dass durch sie das Epitheton *Πελασγικόν*
nicht erklärt wird, das ganz willkührlich hinzugesetzt sein
müste. Nun finden wir ferner in demselben ersten Abschnitte
noch zwei Landschaftsbezeichnungen, Phthia und Hellas;
denn dass diese als solche zu betrachten sind, scheint mir
unzweifelhaft: die überwiegende Tradition der Alten spricht
dafür (Strabo § 6 p. 431. Schol. z. v. 883) und man kann
auch die Ilias dafür zur Hülfe rufen (z. B. *I.* 395, 439, 447).
Mit Recht hat Unger (über Hellas in Thessalien. Philolog.
Supplem. II.) diese Bedeutung hervorgehoben; wenn er jedoch
p. 656 unser Hellas und Phthia für zwei Städte erklärt, so
mag er in sofern Recht haben, als der Bearbeiter vielleicht
Städte darunter verstand: das alte gut unterrichtete Verzeichniss
wird sie als dasjenige aufgeführt haben, was sie waren, als
Landschaften. Auch mit dem alten Begriff von Hellas, wie
ihn Unger aufstellt, kann ich mich nicht einverstanden erklären:
erstens soll es den östlichen Theil der thessalischen Ebene
bedeuten, von wo Phönix kam (Il. *I.* 447), zweitens, und zwar
in demselben Buche der Ilias, einen Theil des achilleischen
Reiches (*I.* 394): in der dritten Bedeutung umfast es alles
Land zwischen Olymp und Octa (p. 640 ff.). Unger legt bei
weitem zu viel Gewicht auf die homerischen Stellen: die
doppelte Bedeutung, die er in demselben Buche findet, be-
weist eben, dass man diese Stellen zu geographischen Be-
stimmungen nicht benutzen kann. Wir finden also, um zu
unserm Verzeichnisse zurückzukehren, in der ersten Abtheilung
drei Landschaften erwähnt und, fügen wir hinzu, ebensoviele
Völkerschaften, die Myrmidonen, Hellenen und Achäer. Nun
ist doch wohl nicht anzunehmen, dass diese sich sämmtlich
auf die eine Phthiotis beziehen, zumal da das pelasgische
Argos offenbar anderswo seine Stelle hat. Sollte man nicht
vielmehr vermuthen dürfen, dass diese dreifache Bezeich-
nung den drei Abtheilungen entspricht, dass sich also
die Benennungen aller drei in der ersten zusammengefunden
haben? Diese Vermuthung liegt sehr nahe, und wenn wir
demgemäss versuchen, die Namen zu vertheilen, so wird

zuerst Phthia mit ziemlicher Sicherheit der ersten Abtheilung, der späteren Phthiotis beizulegen sein. *Πελασγικὸν Ἄργος* war in der pelasgiotischen Ebene zu suchen, würde also auf den zweiten Abschnitt fallen, das Reich von Pherae und Iolkos, und es bleibt Hellas für den dritten Theil, die Städte der Asklepiaden. Von den Volksnamen ferner besteht noch in späterer Zeit der der Achäer in Phthiotis (s. Bursian I. p. 77), wir werden ihn also mit Phthia verbinden; die Hellenen können von Hellas nicht getrennt werden; es bleiben also die Myrmidonen für das pelasgische Argos, die Gegend von Pherae, übrig. Wir würden also nach dieser Vertheilung folgende drei Abschnitte erhalten:

I. **Phthia**, bewohnt von **Achäern**, mit den Städten Alos, Alope, Trachis, Phylake, Pyrasos, Iton, Antron und Pteleon.

II. **Pelasgikon Argos**, bewohnt von den **Myrmidonen**, mit Pherae, Boebe, Glaphyrae, Iolkos, Ormenion, der Quelle Hyperea, Asterion und dem Berge Titanos.

III. **Hellas** mit den **Hellenen** in Trikka, Ithome und Oechalia.

Dazu kommen:

IV. die **Magneten** mit Methone, Thaumakia, Meliboea und Olizon;

V. die **Perrhäber** in Argissa, Gyrton, Orthe, Elone und Oloosson;

VI. die **Aenianen** bei Dodona.

Vielleicht lassen sich die Verwirrungen in den ersten drei Theilen daraus erklären, dass schon im alten Kataloge die Landes- und Stammnamen vorangestellt waren, dass der Bearbeiter ihre Beziehung nicht verstand und sie sämmtlich im Gebiete des Achill unterbrachte: dann würde er nicht Willkühr, sondern wie auch anderswo Unkenntniss gezeigt haben.

Die einzelnen Abschnitte sind auch für uns recht gut bestimmbar, abgesehen natürlich von einzelnen verschollenen oder streitigen Ortschaften, zu denen z. B. Oechalia und das perrhäbische Orthe gehört (Strabo p. 437, 439). Ebenso ist Kyphos ein ganz unbekannter Ort (s. Bursian I. p. 47);

ob er den Aenianen oder Perrhäbern zuzuschreiben sei, ist
ungewiss. Die Aenianen werden um Dodona ungesetzt; es ist
also nicht wahrscheinlich, dass ihnen die eine oder die andere
der perrhäbischen Städte zukommen sollte, wie man vermuthen
könnte, da sie zusammen genannt werden. Es gab allerdings
und gibt noch Leute, die das hier genannte Dodona in Thessalien suchen, wie z. B. Bursian I. p. 23 anm. 5 dieser Ansicht ist. Der Thessaler Suidas nämlich erzählt bei Strabo
VII. p. 7. 12, p. 329, dass das Orakel des Dodonäischen Zeus
aus der Gegend von Skotussa nach Epirus verpflanzt sei:
womit übereinstimmt, dass nach Strabo IX. 5. 22. p. 442
(vgl. Plutarch qu. Graec. 13, Unger a. a. O. p. 705) die Aenianen
einst das dotische Gefilde bewohnt haben sollen. Im Katalog
also, wie *Π* 234

Ζεῦ ἄνα Δωδωναῖε Πελασγικὲ —
Δωδώνης μεδέων δυσχειμέρου —

soll Dodona in Thessalien verstanden werden (vgl. Steph. Byz.
v. Δωδώνη, Schol. Il. *Π* 235). Aus dem Verse der Ilias läst
sich natürlich gar nichts ermitteln, und von der Autorität des
Suidas, der um 300 v. Chr. seine γενεαλογίαι geschrieben zu
haben scheint *), erhalten wir keine gute Meinung, wenn er
bei Strabo genannt wird τοῖς Θετταλοῖς μυθώδεις λόγους
προσχαριζόμενος. Man wird vielmehr urtheilen müssen, dass
sich die Sage von einem thessalischen Dodona erst aus unserer
Katalogstelle gebildet habe: weil nämlich alle hier genannten
Orte · in Thessalien liegen, glaubte man auch Dodona dort
suchen zu müssen. Schon das Adjectiv δυσχείμερον, das
doch unmöglich auf das Dotische Gefilde bezogen werden kann,
deutet an, dass kein anderes als das allbekannte epirotische
Dodona hier zu verstehen ist. Nach dem Kataloge wohnen
also die Aenianen um Dodona, und obwohl wir hierüber sonst
kein Zeugniss besitzen, so sehe ich doch keinen Grund, weshalb wir dieser Angabe misstrauen sollen: die Verhältnisse
unter diesen Gebirgsvölkern sind gewiss auch in älterer Zeit
nichts weniger als dauerhaft gewesen.

---

*) Es geht nämlich aus Steph. Byz. v. Δωδώνη p. 247. 4 hervor
dass schon Zenodot sich auf Suidas berief.

Aufs höchste muss es aber befremden, dass sowohl der
Name der Thessaler, als ihrer bedeutendsten Städte, Larisa,
Krannon und Pharsalos fehlen. Es liesse sich diese auf-
.fallende Erscheinung zunächst auf doppelte Weise erklären:
entweder, dass die Thessaler das Land noch nicht besassen,
oder dass der Name der Thessaler noch nicht in Geltung war.
Die erste Möglichkeit würde jedoch dermassen der Tradition
widersprechen, wenn man nicht etwa den Katalog in eine
graue Vorzeit versetzen will, dass man sich der zweiten hin-
neigen möchte, wenn uns nicht auch hiefür von Seiten der
Ueberlieferung jede Unterstützung fehlte. Wir werden wohl
nach einer Vermuthung A. v. Gutschmids *) dem Bearbeiter
es zuschreiben müssen, dass die Thessaler hier fehlen. Es
waren ja, wie schon oben bemerkt, Phidippos und Antiphos,
die Söhne des Thessalos, von denen die Benennung der
Thessaler abgeleitet ward: da sie erst nach dem troischen
Feldzuge in Thessalien landeten und hier im Kataloge als
Theilnehmer an der Belagerung von Ilion erwähnt werden,
so glaubte der Bearbeiter einen Anachronismus zu begehen,
wenn er die von ihnen benannten Thessaler aufnähme. Jedoch
ist nicht zu verhehlen, dass das Fehlen der drei bedeutendsten
thessalischen Städte dadurch noch nicht völlig aufgeklärt ist.
In keinem Falle darf uns hier die Anwesenheit der Perrhäber,
Magneten und Aenianen befremden: sie werden noch zur Zeit
der Perserkriege als besondere Völkerschaften aufgeführt
(Herodot VII. 132, vgl. Schoemann griech. Alterth. I. p. 142,
3. Aufl.); überdiess scheint ja zur Zeit unseres Verzeichnisses
Larisa wenigstens, die Zwingburg der Perrhäber (Strabo IX.
5. 19. p. 440), noch nicht bestanden zu haben.
Es gab also nach meiner Vermuthung, zu der ich auf
richtigem Wege gekommen zu sein glaube, in alter Zeit eine
Art Periegese von Hellas, ein Verzeichnisse hellenischer
Stämme, Landschaften und Städte, auf dessen Grundlage ein
späterer Dichter unseren heutigen Schiffskatalog erbaute.
Dieser arbeitete für die Ilias und fügte zu dem Behufe mit
Benutzung des kyklischen Epos die Namen der achäischen

*) Ich verdanke sie der gütigen mündlichen Mittheilung desselben.

Helden, die Schiffszahl, kleinere Episoden in jenes geographische Verzeichniss hinein. Es bleibt noch übrig, so weit
es möglich ist, die Zeit zu bestimmen, wann jenes ältere Verzeichniss, wann ferner die Bearbeitung entstanden ist. Indem ich
mir letztere Frage auf das Ende meiner Abhandlung verspare,
versuche ich zunächst auf erstere eine Antwort zu geben.
Eine sichern terminus post quem haben wir in der Erwähnung der dorischen Inseln, deren Colonisation hauptsächlich
von Argos ausging: nach Ephoros bei Strabo X. 4. 18. p. 481
fällt die Auswanderung des Althaemenes fünf Menschenalter,
also etwa anderthalb Jahrhunderte vor Lykurg (Grote hist. II.
p. 322). Ein bedeutend näher liegender Zeitpunct scheint
aber im lakonischen Verzeichnisse enthalten zu sein: es umfast
ausser Pharis, Amyklae, Helos und Las auch Oitylos (Bitylos)
und Messa, die schon auf der westlichen Seite der Taenaros-
halbinsel jenseits des Taygetos liegen. Es liegt nun sehr nahe,
in diesem als Lakedämon bezeichneten Gebiete nicht nur eine
geographische, sondern auch eine politische Einheit zu sehen,
zumal da Oitylos und Messa zum geographischen Begriffe
Lakoniens nicht mehr gehören, vielmehr schon einen Fort-
schritt Spartas gegen Messene zu bezeichnen scheinen. Nun
erfahren wir von Pausanias III. 2. 5 ff., dass der König Teleklos,
Sohn des Archelaos, die Städte Pharis, Amyklae und Geron-
thrae den Achäern entrissen, später sodann im Kampfe mit
den Messeniern sein Ende gefunden habe: dass ferner sein
Sohn Alkamenes Helos für die Spartiaten erobert (Grote hist.
II. p. 329). Schoemann griech. Alterthümer I. p. 204 anm. 4
versteht darunter eine Wiedereroberung rebellischer Ortschaften,
jedoch spricht dagegen das schrittweise Vordringen der
Spartiaten, das wir in jenen Ereignissen dargestellt finden.
Jedenfalls werden wir diese Thatsachen zur Zeitbestimmung
benutzen können, da doch erst seit diesen Ereignissen die
Spartiaten jene Ortschaften wirklich besassen; auch finden wir
daneben ja auch schon Oitylos und Messa genannt. Nun
regiert König Teleklos nach der Ueberlieferung von 826—786,
Alkamenes von 786—748 (s. Clinton fasti Hell. I. p. 330. 337).
Hieraus ergibt sich ungefähr das Jahr 770 als ein Zeitpunct,
nach welchem unser Verzeichniss entworfen ist.

Auf der andern Seite sehen wir, dass unser Schriftstück
sicher vor das Ende des 6. Jahrh. fällt, weil Plataea und
Oropos (Graia) zu Böotien gerechnet sind, die um 510 an
Athen fielen (Grote IV. p. 167. Bursian I. p. 219). Ein Jahrhundert weiter zurück führt uns die Erwähnung von Krisa
in Phokis, wenn nämlich dieses wie Kirrha im heiligen Kriege
(—586) zerstört ward: schon früher scheint der Ort durch
die glückliche Rivalität Kirrhas sein Bedeutung verloren zu
haben (Grote IV. p. 60. Bursian I. p. 181). Jedoch müssen
wir wahrscheinlich noch um ein Jahrhundert hinaufgehn, ehe
wir den letzten terminus ante quem finden. Dieser scheint
dadurch angedeutet zu werden, dass Megara übergangen ist.
Sicherlich ist in diesem Theile des Kataloge ein Schluss ex
silentio erlaubt, besonders wo es sich um eine Stadt handelt,
die im ganzen 7. und 6. Jahrhundert mächtig, angesehen und
durch Entsendung zahlreicher Colonien berühmt war. Megara
liegt zwischen Böotien und dem nördlichen Peloponnes: grade
hier ist der Katalog am ausführlichsten und besten unterrichtet:
nicht Unkenntniss konnte ihn also veranlassen, die Stadt zu
übergehn, sondern nur der Umstand, dass sie entweder noch
nicht selbständig oder wenn selbständig noch nicht bedeutend
war. Folgende Daten bezeichnen das Emporblühen der Stadt:
729 wird Megara Hyblaea durch Lamis gegründet (Thukyd.
VI. 4. 1. Grote III. p. 365. Clinton fasti Hell. I. p. 166);
720 erringt der Megarenser Orsippos den Sieg in Olympia
(Clinton p. 168. Grote III. p. 3. Boeckh C. J. Gr. I. nr. 1050);
712 wird Astakos gegründet (Clinton p. 172). Wann freilich
die Befreiung Megaras vom Joche der Korinther stattgefunden
habe, ist ungewiss: Pausanias VI. 19. 9 setzt den Sieg der
Megarenser (und Argiver) unter den Archon Phorbas, den
fünften nach Medon, d. i. etwa 950. Schwerlich ist jedoch
auf diese Bestimmung etwas zu geben: in den allerdings
etwas anekdotenhaften Geschichten von der Bedrückung der
Megarenser durch Korinth*) erscheinen meist die Bakchiaden

---

*) Die Stellen bei G. Vogt de rebus Megarensium, Marburg 1857,
s. Schol. Platon. Euthydem. 292. e (p. 295 Herm), Aristophan.
Frösche 440 u. d. Schol., Zenobios V. 8.

als Herren, deren Ahn Bakchis doch auch erst um 950 gelebt haben soll. G. Vogt (de rebus Megarensium p. 52) wird wohl ungefähr das richtige treffen, wenn er die Befreiung der Megarenser in die 10. Ol. setzt. Hiezu passt es gut, dass der Olympionike Orsippos sich in den Kämpfen gegen Korinth ausgezeichnet haben soll, das schwerlich seine Oberherrlichkeit ohne Widerstreben aufgab. Vor die Zeit also der Befreiung, d. i. etwa vor 740 v. Chr., wird unser Verzeichniss geschrieben sein, zwischen diesem Jahre und 770 v. Chr.

Alles übrige, was der Katalog sonst anführt, passt gut in diese Zeit. Ueber dem Umfang von Elis, das vermuthlich Pisa in sich einschliest, ist schon gesprochen worden: ebenso erscheint die Erwähnung der westlichen Inseln Kephallenia, Zakynthos u. a., die hiedurch eine gewisse Bedeutung erhalten, in der angenommenen Zeit wohl gerechtfertigt. Dass einst diese Eilande mächtiger waren, als in historischer Zeit, können wir schon aus dem Vorhandensein der Odyssee schliessen. Da sie doch wohl der Seefahrt und dem Handel ihre ehemalige Blüthe verdankten, so läst sich muthmassen, dass das Emporkommen der korinthischen Seemacht ihnen verhängnissvoll geworden ist; korinthische Ansiedelungen bestanden in der That in Akarnanien, Epiros und Kephallenia. Die korinthische Seeherrschaft wird aber bezeichnet durch die Gründung von Korkyra und Syrakus (734), was auch der besondere Anlass dieser Colonisationen gewesen sein mag. So scheint es denn auch wohl begründet, dass der Katalog das so rasch emporblühende Korkyra nicht nennt, das doch den Hellenen nicht ferner lag, als Kos oder Rhodos, selbst nicht als Kephallenia und Zakynthos. Es ist schon bemerkt, wie auffallend das Fehlen des böotischen Theben ist, ohne dass wir jedoch dafür eine ausreichende Erklärung geben konnten. Es ist hinzuzufügen, dass damit wenigstens kein Widerspruch mit der uns bekannten Ueberlieferung gegeben ist; denn die erste historische Erwähnung Thebens gehört ans Ende des 8. Jahrhunderts. Ol. 13 (728 v. Chr.) wird der Korinther Diokles als olympischer Sieger verzeichnet: er war ein Freund der Philolaos, verliess mit ihm Korinth und begab sich nach Theben, dessen Gesetzgeber Philolaos ward (Aristoteles Polit. II. 12.

p. 1274. a. 31; Grote II. p. 296). Vielleicht ist der zerrüttete
Zustand Thebens, der hier vorausgesetzt zu werden scheint,
mit seinem Fehlen im Kataloge in Verbindung zu bringen.
Ich übergehe hier die eigenthümlichen Verhältnisse Thessaliens:
wollten wir nach Anleitung der gewöhnlichen Tradition die
Ausschliessung der Thessaler zur Zeitbestimmung des Katalogs
benutzen, so würden wir mit seinen übrigen Angaben in einen
unauflöslichen Widerspruch gerathen.

So viel über die Zeit, in der unser altes Verzeichniss
verfast sein mag: was seine Form angeht, so ist wohl selbstverständlich, dass sie hexametrisch war; der Bearbeiter konnte
also auch manches formelle aus ihm hinübernehmen. Ob solche
Zuthaten, wie bei Sikyon: ὅθ᾽ ἄρ᾽ Ἄδρηστος πρῶτ᾽ ἐμβασίλευε
(v. 572), bei Kos: καὶ Κῶν Εὐρυπύλοιο πόλιν (v. 677), und
Oechalia: Οἰχαλίην πόλιν Εὐρύτου Οἰχαλιῆος (v. 730) ursprünglich sind, oder später hinzugedichtet, läst sich nicht entscheiden:
ersteres ist sehr wohl möglich und das Gefühl neigt sich
dieser Annahme zu. Auch von den Epitheta der Städte mögen
manche alt sein, sowie auch vv. 751 ff., wo die Vereinigung
des Titaresios mit dem Peneios beschrieben wird, sicher dem
alten Kataloge angehört, da man dem Bearbeiter besonders in
Thessalien nicht wohl so gute Localkenntnisse zutrauen darf
(Bursian 1. p. 58). Vielleicht sind auch anderswo derartige
eingehendere Beschreibungen vorgekommen und hat der Bearbeiter sich mit der Wiedergabe der blossen Namen begnügt.
Ueber den Ort der Abfassung stimme ich denen zu, die sich
für Böotien entschieden haben, weil so allein die eigenthüm-
liche Reihenfolge der Landschaften und die unverhältniss-
mässige Ausführlichkeit erklärt werden kann, mit der jenes
behandelt ist. Böotien steht voran, dann folgen seine unmittel-
baren Nachbarn, die Phoker, Lokrer, Euboea und Athen; von
hier ist über Salamis der beste Uebergang zum Peloponnes,
an den sich dann die dorischen Inseln am leichtesten anschlossen:
jedoch musten vorher noch die westlichen Inseln und Aetolien
nachgeholt werden; Thessalien endlich bildet den Beschluss
(vgl. A. Mommsen a. a. O.). Selbstverständlich ist die Frage,
wo der Bearbeiter gelebt habe, eine andere.

Die Existenz unseres alten Verzeichnisses, eines περίοδος
Ἑλλάδος im 8. Jahrhundert, setzt natürlich einen ent-
wickelten Verkehr und grössere Reisen voraus, eine Voraussetzung, die jedoch keinen Anachronismus in sich einschliest.
Grade um diese Zeit verbreitete sich die Theilnahme an den
olympischen Spielen über die Grenzen der nächsten Umgebung
hinaus (Grote IV. p. 55 f.) und auch das wird durch Verkehr
und Verkehrsmittel bedingt. Gleicherweise bekundet die
Münzreform des Pheidon (Ol. 8) einen lebhaften Aufschwung
des Handels und Wandels: und wo diese bestehen da werden
auch Reisen nicht fehlen. Die äussern Bedingungen also für
die Entstehung einer geographischen Aufzeichnung waren vorhanden, und auch die Literatur zeigte einen den ersten Pro-
saisten verwandten Charakter: einer ihrer bedeutendsten Vertreter
war Eumelos von Korinth, der in seinen Κορινθιακά einen
historisierenden Ton anschlug. Etwa fünfzig *) Jahre später

---

*) Diese von Herrn Prof. v. Gutschmid mir gütigst mitgetheilte Zeit-
bestimmung beruht auf dem Zeugnisse von Herodot IV. 15, dem-
zufolge Aristeas 240 Jahre nach seinem zweiten Verschwinden
in Metapont wieder auftauchte: denn 240, nicht 340, ist die Lesart der massgebenden Handschriften. Herodot selbst sagt, dass
er den Zeitraum berechnet habe: nun kann das fabelhafte Ereigniss,
das dem Herodot in Metapontum erzählt ward, nicht gut lange vor
seiner Anwesenheit daselbst stattgefunden haben, etwa um 450,
und er würde darnach die Zeit des Aristeas auf 690 bestimmen.
Dass so gerechnet werden müsse, folgt auch aus den Daten, von
denen Herodot für seine Bestimmung abhängig war. Aristeas muss
nämlich später gedichtet haben, als die Gründung von Prokonnesos,
und später, als der Einfall der Kimmerier geschah, letzteres, weil
er nach Herodots Angabe (IV. 13) die Ursachen ihrer Wanderung
zu ermitteln suchte. Nun fällt die Gründung von Prokonnesos
nach Strabo (XIII. 1. 12. p. 587) gleichzeitig mit der von Abydos
und Priapos unter die Regierung des Gyges (699—663), der Einfall der Kimmerier aber wird durch den Tod des phrygischen
Midas, den er zur Folge hatte, auf 696 bestimmt (Eusebius p. 85.
Schöne, Strabo I. 3. 21. p. 61). Aristeas Zeit wird darnach mit
den ersten Gründungen der Milesier zusammenfallen und er etwa
in der Mitte des 7. Jahrhunderts geschrieben haben. Die Nachricht des Suidas, dass er Zeitgenosse des Kroesos gewesen, der
die Neueren (Niebuhr kl. Schriften I. p. 361. Anm. 21; Bernhardy Gr. Litt. II. 1. p. 337; Westermann in Paulys Realencycl.

4

lebte dann wohl jener Aristeas von Prokonnesos, dessen '*Aqi-
μάσπεια ἔπη* geographischen Inhalts waren. Mit dem Auf-
schwunge des Handels muste auch das geographische Interesse
erwachen, aus dem unser Katalog abzuleiten sein wird: sein
Verfasser war gewissermassen ein Vorläufer von Hekatäos und
man könnte in dieser Hinsicht dem Schiffskataloge der Ilias
einen Platz unter den „geographi minores" gewähren.

Den zweiten Theil des Schiffskatalogs bildet das Verzeichniss der Troer und ihrer Bundesgenossen, eingeleitet durch
die Botschaft der Iris an Priamos. Man fühlt sofort, dass hier
eine ganz andere Luft weht: der hellenische Katalog hat seine
Vorzüge und Bedeutung in der Vollständigkeit, mit der er
Völker und Städte aufzählt; hier dagegen herrscht die äusserste
Dürftigkeit: mit Ausnahme der Pelasger, Paeoner, Paphlagoner
und Karer werden den Volksnamen keine Städte beigesellt:
den drei grösseren Städtegruppen aber (v. 824 ff.) fehlt ein
Stammname. Die Heimath jener Völkerschaften bleibt hier
also unbestimmt und diejenigen, von denen wir sonst nichts
wissen, wie die Alizonen, sind in undurchdringliches Dunkel
gehüllt. Daher hat man denn auch den troischen Katalog von
dem hellenischen getrennt: Lachmann (Betrachtungen p. 13)
hält ihn für eine Nachahmung dieses, d. h. wohl, das Vorbild
dieses soll zur Verfertigung des troischen angeregt haben, ohne
ihm, wie sich von selbst ergibt, zum Muster gedient zu
haben. Köchly, der diese Ansicht theilt, hat sich auch hier
bemüht, eine gewisse Gleichmässigkeit der Versgruppen herzustellen, obwohl er selbst p. 26 zugibt, dass das ganze Werk
aus homerischen Brocken zusammengesetzt sei: nur vv. 851—855,
867—875 hält er für ältere Bestandtheile. Er vermuthet, dass
die Völkerschaften aus *K* 428 ff. genommen seien, wo Dolon
dem Odysseus die troischen *ἐπίκουροι* in folgender Reihenfolge aufzählt: Karer, Paeoner, Leleger, Kaukonen, Pelasger,
Lykier, Myser, Phryger, Maeoner, Thraker. Gegen diese

I. p. 1582) meist beigetreten sind, beruht wohl auf einer Ver-
wechselung oder Verbindung mit dem Skythen Abaris: weder Inhalt
noch Form der erhaltenen Fragmente können für diese Annahme
etwas beweisen.

Ansicht, obschon sie manches empfehlenswerthe hat, lassen sich
doch Bedenken nicht verhehlen. Es bleibt unerklärt, warum
nicht die Leleger und Kaukonen aufgenommen sind, die doch
auch sonst in der Ilias vorkommen (Υ 96. Φ 86. Τ 329), dagegen die in der Dolonie nicht genannten Paphlagoner und
Kikonen hier einen Platz gefunden haben. Köchly selbst
macht Ausnahmen, die nicht begründet erscheinen, indem er
die Karer und Thraker anderswoher ableitet; erstere, weil er
ihren Abschnitt für einen Theil des älteren Katalogs hält,
letztere wohl deshalb, weil sie von Dolon νεήλυδες genannt
werden, also nicht gut schon hier aufgezählt werden konnten.
Auch die abweichende Ordnung der Stämme in der Dolonie
spricht gegen die Köchlysche Hypothese.

Sehr bedeutend ist zunächst die von Köchly nachgewiesene
Benutzung der Ilias; v. 822 f. ist aus Μ 99 f. genommen,
Μ 95—97 sind vv. 837—839 wiederholt, vv. 819, 822—823
wörtlich aus Μ 98—100 entlehnt, vv. 831—834 sind getreu
aus Δ 329—332 übertragen. Der Paeoner Pyraechmos und
seine Stadt Amydon sind Π 287, der Pelasger Hippothoos
und Larisa Ρ 298—301 erwähnt, der Phryger Askanios kommt
auch Ν 703 aus Askania: der Myser Ennomos heist hier wie
Ρ 218 οἰωνιστής. Jedoch ergibt sich schon aus den zu Anfang
unserer Untersuchung angeführten Thatsachen, dass aus der
Ilias auch dieser Theil des Schiffskatalogs nicht erklärt werden
kann. Es fehlen dort die Kikonen (v. 846), der Pelasger
Pylaeos (v. 842), der Alizone Epistrophos (v. 856), die Karer
Nastes und Amphimachos *) (v. 867); weder diese beiden
noch der Myser Ennomos werden in der μάχη παραποτάμιος
von Achill getödtet, wie man aus den Worten des Katalogs
schliessen muss. Bei Pandaros (v. 827) ist zu bemerken, dass
nach der Ilias (Δ 105 ff.) nicht Apollo ihm den Bogen gegeben,
sondern er selbst ihn sich verfertigt hat (s. Köchly p. 32).
Adrastos und Amphios sind v. 830 Söhne des Perkosiers Merops;
Amphios aber heist Ε 612 Sohn des Selagos und ein Adrastos
wird Ζ 37 von Menelaos gefangen genommen, während die
Söhne des Perkosiers Merops, deren Tod Δ 329 erwähnt wird,

---

*) Die beiden habe ich sonst nur bei Diktys IV. 12 gefunden.

4*

dort namenlos sind. Schwerlig sind diese Abweichungen mit
Th. Bergk (gr. Literatur, 1. p. 565 f.) daraus zu erklären,
dass dem Katalogisten eine vollständigere Ilias vorgelegen
habe; es finden sich ja auch Unterlassungsünden, wie schon
erwähnt: so kommt Ξ 511 ein Hyrtios als Anführer des Myser
vor, der besser hier genannt wäre, als Chromis und Ennomos,
die nirgends Myser heissen.

Vielleicht kann uns die Erwähnung der Kikonen auf die
richtige Fährte bringen, mit denen bekanntlich Odysseus auf
der Heimfahrt sein erstes Abenteuer besteht (ι 49 ff.). Nun
scheint man die Gewaltthat des Laertiaden dadurch begründet
zu haben, dass man die Kikonen Bundesgenossen des Priamos
sein liess, wodurch der Ueberfall als eine Fortsetzung des
Kampfes vor Ilion eine Art Berechtigung erhielt. Diese Com-
bination kann aber nicht wohl anderswo gemacht sein, als da,
wo man sich überhaupt die Fortsetzung der Ilias und Odyssee
zur Aufgabe stellte, in den kyklischen Epen. Wir wissen aber
aus den Proklischen Auszügen (p. 236 Westphal), dass ein
κατάλογος τῶν τοῖς Τρωσὶ συμμαχησάντων den Schluss der
Kyprien gebildet hat. O. Müller (gr. Literat. 1. p. 96) hat
daraus mit Recht geschlossen, dass der Dichter der Kyprien
den troischen Katalog in der Ilias noch nicht vorgefunden
habe und Köchly p. 32 deutet die Möglichkeit an, dieser
erhaltene sei nur ein Auszug aus jenem: es wäre auch denkbar, dass dieser unverändert in die Ilias hinübergenommen sei;
jedoch halte ich keines von beiden für wahrscheinlich, schon
aus dem Grunde, weil eine so vollständige Entlehnung schwerlich der Aufmerksamkeit der Alexandriner entgangen wäre.
Besser begründet scheint die Vermuthung zu sein, dass wir
unser Verzeichniss für eine Erweiterung oder Bearbeitung jener
älteren anzusehen haben. Die Abweichungen von der Ilias
würden sich dann erklären; Ennomos z. B., Nastes und Amphimachos könnten in der Aethiopis erschlagen sein, wo ja in
Nachahmung Homers ebenfalls eine μάχη παραποτάμιος vorkommen konnte (Welcker ep. Cycl. II. p. 13 f.). Die Erweiterung des Bearbeiters bestand dann wohl namentlich in der
Hinzufügung homerischer Verse, wovon schon gehandelt ist:
ihm werden ebenso die troischen und dardanischen Helden

beizumessen sein: denn da in den Kyprien nur die Bundesgenossen aufgezählt waren, so wird ihre Benutzung erst mit
v. 840 beginnen. Die Troer und Dardaner mit ihren Führern
konnten ohne Schwierigkeit aus der Ilias genommen werden,
nur Adrostos und Amphios sind dort nicht Söhne des Merops:
man könnte hier vielleicht eine Erinnerung aus dem späteren
Epos oder einen Irrthum des Bearbeiters annehmen.

Jedoch bleibt, auch wenn diese Muthmassungen nicht
ganz verfehlt sind, immer noch etwas übrig, das weder aus
Ilias noch aus den Kyprien genommen sein kann, die Städte.
Freilich haben wir gesehen, dass Larisa (v. 841), Amydon
am Axios (v. 849) und Askania (v. 863) der Ilias entlehnt
sind, und Alybe (v. 857), wenn es eine Stadt bedeuten soll,
ist zu fabelhaft, als dass es hier in Betracht kommen könnte;
schon die Alten wusten nichts von ihr, wie man aus dem eifrig
geführten Streite bei Strabo XII. 3. 20 p. 549 ff. zur Genüge
ersieht. Unerklärt aber sind die Städte an der Propontis
(v. 824—839), in Paphlagonien (850—855) und Milet mit
seiner Umgebung (v. 868 f.). Die erste Gruppe schreibt
Köchly (p. 32) einem der Geographie kundigen Manne zu,
ohne jedoch dadurch die Wahl gerade dieser Orte su erklären;
denn einem kundigen Manne, der hier interpoliren wollte,
konnten doch nicht Namen fehlen, mit denen auch die übrigen
Abschnitte zu beleben wären. Die Paphlagoner und Karer
hält Köchly für den Rest einer älteren Verzeichnisses: es ist
aber klar, dass man diese Städte in ihrer Gesammtheit, nicht
die einen so, die andern anders zu erklären hat, da dasselbe
Motiv offenbar ihre Einfügung veranlast hat. Es kann uns also
auch nichts helfen, wenn wir einige aus der ersten Gruppe in
der Ilias *) finden: eine Deutung muss vielmehr für alle gegeben
werden. Nehmen wir zuerst die beiden grösseren Abschnitte,
so finden wir, dass alle Orte, Landschaften ($'A\delta\varrho\dot\eta\sigma\tau\varepsilon\iota\alpha$,
$A\dot\iota\gamma\iota\alpha\lambda\dot o\varsigma$), Flüsse ($\Pi\varrho\dot\alpha\varkappa\tau\iota o\varsigma$, $\Pi\alpha\varrho\vartheta\dot\varepsilon\nu\iota o\varsigma$), Berge ($T\eta\varrho\varepsilon\dot\iota\eta$) und
Städte sämmtlich am Meere liegen, und zwar nehmen die
der ersten Gruppe die Küste von Abydos bis Zeleia ein,

---

*) Zeleia $\varDelta$ 103. 121, Apaisos E 602, Perkote $\varLambda$ 229, Abydos $\varDelta$ 500,
Arisbe Z 13.

das ein wenig westlich von Kyzikos liegt *); besonders beach-
tungswerth ist, dass sich unter ihnen auch Sestos befindet,
das an der thrakischen Seite des Hellespont liegt und dennoch
zur Troas gerechnet zu werden scheint. Die paphlagonischen
Orte liegen ebenfalls am Meeresgestade vom Flusse Parthenios
bis über das Vorgebirge Karambis hinaus, nach Arrian peripl.
Pont. Euxin. c. 14 in folgender Reihe: Fluss Parthenios,
Sesamos (Amastris), Erythinoi, Kromna, Kytoros, Aigialos,
Karambis, wovon jedoch Apollonios Rhod. Argon. II. 945 f.
etwas abweicht, indem er wohl richtiger den Aigialos östlich
von der Karambis setzt, wozu der Scholiast bemerkt ἔστι γὰρ
Αἰγιαλὸς σταδίων ἐννακοσίων κάμψαντι τὴν Κάραμβιν μέχρι
Σινώπης, ein Mass, das nach den heutigen Karten ziemlich
genau ist (vgl. Strabo XII. 3. 10. p. 545). Wir sehen nun,
dass die erste Gruppe mit Zeleia vor Kyzikos, die zweite mit
dem Aigialos vor Sinope abschneidet: die genannten Orte sind
also solche, die der Seefahrer einmal auf der Fahrt nach
Kyzikos, das andere Mal auf der Fahrt nach Sinope passiert.
Besonders deutlich ist es in der ersten Gruppe durch die
Erwähnung von Sestos neben Abydos, die sonst schlechterdings
unerklärlich ist: aber der Schiffer fuhr zwischen ihnen hindurch
und wenn er seine Fahrt beschrieb, muste er sie beide nennen.
Es ergibt sich daraus, dass die besprochenen Städte aus einem
παράπλους genommen sind, aus der Beschreibung einer See-
reise nach Kyzikos und Sinope. Und wo konnte ein solcher
besser Platz haben, als in der Argonautensage? Nach sämmt-
lichen erhaltenen Darstellungen dieser Fabel landen die Argo-
schiffer bei Kyzikos, nach Apollonios II. 946 f. und Valerius
Flaccus V. 109 auch in Sinope, oder vielmehr an der Stätte,
wo dieses später stand. Die erhaltenen vollständigeren Argo-
nautiken kommen unserer Vermuthung zur Hülfe: man wird
finden, dass weder bei Apollonios noch bei Valerius Flaccus
ein ausführlicherer Paraplus vorkommt, ausser in der Propontis
vor Kyzikos und an der paphlagonischen Küste vor Sinope.
Es kann dabei nichts bedeuten, dass ein Name mehr oder
weniger genannt wird, da die Gegend dieselbe ist. So segelt

---

*) s. Strabo XIII. 1. 9. p. 586 ff. Steph. Byz. ss. vv.

bei Apollonios I. 931 ff. die Argo, ehe sie Kyzikos erreicht, an Abydos, Perkote, Abarnis und Pityeia vorbei, bei Valerius II. 622 f. an Perkote, Parium, Pitya und Lampsacus. In Paphlagonien ferner werden bei Apollonius II. 941 ff. Sesamos, Erythinoi, Krobialos, Kromna, Kytoros, Karambis und Aigialos gesehen, ehe die Abenteurer den Boden von Sinope betreten, und kaum hat hiebei der Dichter unsern Katalog benutzt, vor dem er Krobialos und Karambis voraus hat, hingegen den Parthenios fortläst. Es gab freilich im Katalog v. 855 für τ' Αἰγιαλόν die Variante Κρωβίαλον oder Κωβίαλον (Steph. Byz. v. Αἰγιαλός. Schol. Apoll. II. 942. Strabo XII. 3. 10. p. 545): allein selbst wenn die Lesart richtig wäre, so würde hier doch wieder der Aigialos fehlen; nun aber scheint sie nichts zu sein, als eine nach der Stelle des Apollonios gemachte Conjectur. Sicherlich beruht die Uebereinstimmung des Katalogs mit dem Alexandriner, die hier nicht grösser ist, als in der Propontis, auf gemeinsamer Ueberlieferung, auf dem alten Argonautenepos. Schon in diese Darstellungen nahm man die Orte auf, die doch erst denselben Ereignissen ihr Dasein verdanken, aus denen die Sage selbst erwachsen war, nämlich dem ersten Vordringen der hellenischen Handelstädte und nur bei den Mittelpuncten der Niederlassungen, bei Kyzikos und Sinope, erhielt sich das Bewustsein, dass sie von den alten Seefahrern noch nicht vorgefunden seien. Dass es wirklich alte Bearbeitungen der Argonautensage gab, ist unzweifelhaft: schon der Korinther Eumelos behandelte den Stoff in seinen Κορινθιακά, und auf dasselbe deutet die bekannte Notiz in der Odyssee (μ 70), sowie die nicht unbeträchtlichen Einwirkungen, die dieses homerische Epos von Seiten der Argonautenfabel erfahren hat. *) Es bleibt noch übrig, die Erwähnung Milets und seiner Umgebung zu erklären: nach v. 868 ff. wohnen die Karer in Milet, am Φθειρῶν ὄρος, dem Maeander und Mykale. Vielleicht dürfen wir an das oben gewonnene Resultat anknüpfen: es waren ja vor allem die Milesier, die den Pontus für den Handel eröffneten und damit den Anlass für die Argonautensage boten; die genannten Städte an der Propontis und der paphlagonischen

*) s. Bergk gr. Lit. I. p. 348 anm. 107.

Küste sind meist milesische Colonien (s. Skymnos v. 958 f.);
Kytoros heist bei Strabo XII. 3. 10. p. 542 ἐμπόριον Σινωπέων;
über Priapos s. Strabo VIII. 1. 12. p. 587, Parion p. 588,
Paisos und Lampsakos p. 589, Abydos p. 590, vgl. XIV. p. 635.
Vielleicht ist es daher nicht unwahrscheinlich, dass in Milet
besonders die Argonautensage gepflegt ward und die Anwesenheit dieser Stadt sowie der übrigen im Kataloge dürfte
daraus zu erklären sein, dass die Bearbeitung desselben von
einem Milesier herrührt, der nicht nur seine Vaterstadt,
sondern auch aus der ihm geläufigen Argonautensage die
paphlagonischen und propontischen Städte in den τρωικὸς
διάκοσμος aufnahm, die noch dazu meist Töchter seiner Vaterstadt waren. Das scheint mir das einzige Mittel zu sein, um
die durchaus singuläre Erwähnung Milets und seiner Umgebung zu erklären.

Das Urtheil über den historischen Werth des troischen
Katalogs ergibt sich aus dem erörterten. Die Namen der
Völkerschaften sind dem homerischen und nachhomerischen
Epos entnommen; ihre Lage und Grenzen sind durch nichts
bestimmt; die wenigen vereinzelten Ortsnamen sind der Ilias
entlehnt; die grösseren Gruppen einer späteren Poesie; somit
ist der historische Werth des Schriftstücks gleich Null. Jenen
Städten kommt allerdings ein beträchtliches Alter zu, aber
nicht, weil sie hier erwähnt stehen, sondern weil sie einer
Poesie entnommen sind, die durch ein frühes und wichtiges
Ereigniss, die Colonisation der Küsten des Pontus, hervor-
gerufen ist. Wir haben somit nur das zu bestätigen, was
Grote III. p. 203 ausspricht, dass der Katalog nichts dazu
beiträgt, unsere mangelhafte Kenntniss über die ältesten
geschichtlichen und ethnographischen Verhältnisse Vorder-
asiens zu verbessern.

Jetzt noch ein Wort über die Zeit, in der die Bearbeitung
der verschiedenen Stoffe zu dem uns vorliegenden Schiffskataloge erfolgt zu sein scheint. Es kann dabei die Frage
nicht umgangen werden, ob die Abfassung des hellenischen
und troischen Theiles verschiedenen oder derselben Person
zukomme. Wenn man sich meist für ersteres entschieden hat,
so hat man sich, wie O. Müller und Köchly, auf den κατάλογος

τῶν τοῖς Τρωσὶ συμμαχησάντων berufen, durch dessen Existenz
in den Kyprien angedeutet werde, dass der Verfasser dieses
Epos den troischen Katalog in der Ilias nicht kenne. Es ist
schon bemerkt, dass auch uns dieser Schluss geboten erscheint;
da wir jedoch nirgends angedeutet finden, dass Stasinos oder
wer sonst die Kyprien verfasste, den hellenischen Theil schon
vorgefunden habe, verliert jener Umstand für die Entscheidung
unserer Frage jede Bedeutung; es ist im Gegentheil sehr
wahrscheinlich, ja es war sogar unvermeidlich, dass die Kyprien
bei der Versammlung in Aulis eine Aufzählung der Contingente
und ihrer Führer gegeben haben. Die grosse Verschiedenheit
aber der beiden Theile, die hauptsächlich zur Annahme eines
doppelten Verfassers geführt hat, erklärt sich hinreichend aus
der verschiedenen Beschaffenheit der Quellen, die für sie zu
Gebote standen: die Benutzung aber des nachhomerischen
Epos, die Entlehnungen aus Homer, beides Eigenthümlichkeiten
des Bearbeiters, sind in dem einem Theile so gut zu finden,
wie in dem andern. Es ist also unnöthig, zwei Bearbeiter
anzunehmen: für beide Hälften reicht unser Milesier aus,
wenn wir richtig vermuthet haben. Auch Bergk (gr. Lit. I,
p. 565) schreibt beide Theile demselben Verfasser zu: er bemerkt sehr richtig, dass nichts näher liegt, als dass der Rüstung
und Aufstellung der Achäer die der Troer folgt; ebenso wie
im folgenden Buche das Ausrücken beider Parteien erzählt
wird, so ist es auch angemessen, dass der Schilderung und
Gliederung des einen Heeres die des anderen folge. Man
wird diess besonders in einem Stück erwarten, dass offenbar
in historisierender Absicht eingefügt ist, um die Kampfart der
Heroen mit der verbesserten Kriegsführung der späteren Zeit
in Einklang zu bringen, als die Schlacht nicht mehr in einer
Reihe von Einzelgefechten bestand, sondern in dem gleich-
zeitigen Eingreifen geordneter und zwar nach Stämmen geordneter Heere. Dem Bearbeiter ist natürlich auch die Ein-
kleidung und Einfügung des Schiffskatalogs in die Ilias
zuzuschreiben: dass er in dieser bestimmten Absicht verfasst
wurde, ist schon oben bemerkt, ebenso, dass der Dichter
wohl schon die ganze Ilias vor sich hatte, da v. 763 auf das
23. Buch Bezug genommen wird (vgl. Grote hist. II. p. 157).

Die Zeit der Bearbeitung muss nun zunächst hinter den
kyklischen Epen liegen, auf die so häufig Bezug genommen
wird; jedoch nehmen diese einen sehr weiten Raum ein und
besonders die Abfassungszeit der Kyprien ist sehr schwer zu
ermitteln: Arktinos und Kinaethon nehmen die ersten Ol. ein,
Lesches wird um 657 gesetzt (s. Clinton fasti hell. p. 153. 155. 195).
Es scheint aber ein näherer und bestimmterer Zeitpunct darin
zu liegen, dass v. 748 Guneus, v. 756 Prothoos genannt sind.
Von ihnen wird erzählt, wie schon oben gedacht, dass sie auf
der Rückkehr mit Eurypylos, dem Sohne Euämons, nach Libyen
verschlagen seien und dort eine Zeitlang gelebt hätten. Nun
wird aber Eurypylos ganz sicher und wahrscheinlich auch
Guneus und Prothoos in die Gründungssage von Kyrene ver-
woben (O. Müller Orchomenos p. 348): sie scheinen also erst
von hier aus durch die Nosten mit Troia in Verbindung gebracht zu sein. Ihre Verflechtung in den troischen Sagen-
kreis dürfte somit nicht älter sein, als die Gründung von
Kyrene, die ins Jahr 631 v. Chr. fällt. Ferner ist die Bearbeitung unseres Schiffskatalogs älter, als der Hymnus auf den
pythischen Apollo, der ganze Verse aus ihm entlehnt hat;
so ist hymn. Ap. Pyth. 52 aus B 506, v. 232 heist es: Ἕλος
τ᾽ ἔφαλον πτολίεθρον nach B 584, v. 245 ist aus B 592 genommen: möglicherweise ist auch das Fehlen Thebens im
Kataloge die Veranlassung gewesen, dass im Hymnus seine
Stätte als öde und unbebaut dargestellt wird. Der Hymnus
aber ist wahrscheinlich vor 586, der Beendigung des kirrhäi-
schen Krieges und der Einsetzung der pythischen Spiele verfast (s. v. 92 und Baumeisters Anmerkung). Also etwa zwischen
630 und 600 v. Chr. scheint der Schiffskatalog seine heutige
Gestalt bekommen zu haben. Ich wüste nicht, was dieser
Datierung widerspräche: man könnte vielleicht die Erzählung
von der solonischen Interpolation (Plutarch Solon X.) dagegen
anführen, die ein älteres Datum voraussetzen lasse. Jedoch
ist schon bemerkt, wie wenig glaublich diese und ähnliche
Geschichten sind. Allerdings ist aber meine Annahme mit
der verbreiteten Auffassung der pisistratidischen Recension
nicht vereinbar; denn wenn der zu Ende des 7. Jahrhunderts
verfaste Schiffskatalog eine gesammelte Ilias voraussetzt und

vorfand, so ist es undenkbar, dass in der Zeit bis Pisistratos
in einem cultivierten und des Schreibens kundigen Zeitalter
diese Ilias in alle Winde sich zerstreut haben sollte. Es ist
aber von Lehrs nachgewiesen, auf wie schwachen Füssen die
Nachricht von der pisistratidischen Recension steht: um so
weniger brauche ich um den Widerspruch besorgt zu sein,
in den ich mich mit jener Auffassung gesetzt habe. Ich darf
vielleicht betonen, dass ich nicht durch eine Erörterung der
homerischen Frage, sondern durch die Untersuchung eines
Schriftstückes hieher gelangt bin, das nach Ursprung und
Beschaffenheit Homer fern liegend, sich erst nach einem
Jahrhunderte mit ihm vereinigt hat.

Berichtigung.

Es ist ein Irrthum, wenn S. 9 und 51 behauptet ist, dass die
Kikonen ausser dem Kataloge in der Ilias nicht vorkämen; denn *P* 73
wird Mentes als Führer derselben erwähnt. Trotzdem werden die S. 52
gemachten Erörterungen bestehen können, da ja die Ilias für die Auswahl der troischen Bundesgenossen wenigstens nicht ausschliesslich massgebend war; für diesen Fall gilt das umsomehr, als *B* 846 der Führer
der Kikonen nicht Mentes, sondern Euphemos genannt wird. — Die
jüngst erschienene Schrift von Benicken: „Das zweite lied vom zorne
des Achilleus und der achäische schifskatalog. Leipzig 1873" gibt zu
keinem Zusatze Veranlassung. Der Verfasser vertheidigt die Köchlysche
Hypothese gegen Düntzer, ohne den Argumenten Köchlys neue hinzuzufügen.

Früher erschienen in unserem Verlage:

Braun, W., Dr., Die Tragödie Octavia und die
Zeit ihrer Entstehung. gr. 8⁰. . . . . . . — ℔ 12 gr.

Delff, Ch. J. Aug., Die Götter und Heroen-
welt der Alten. Eine Auswahl aus Ovid und
Virgil mit erklärenden Anmerkungen und
einem mythologischen und grammat. Register.
gr. 8⁰. . . . . — „ 25 „

Gloede, Herm., Dr., Ueber die historische
Glaubwürdigkeit Caesars in den Commen-
tarien vom Bürgerkrieg. Ein historisch-
kritischer Versuch. 8⁰. . . . . — „ 8 „

Keck, Henr., De Horatii Epist. Lib. I. Critica
ad Ludovicum Doederlinum Epistola. 4⁰. . — „ 10 „

Niese, Bened., De Stephani Byzantii Aucto-
ribus. Commentatio prima. 8°. . . . . — „ 8 „

Paul, Dr., Kant's Lehre vom idealen Christus 1 „ — „

Reuter, Friedr., Ein Referat über Curtius'
griechische Schulgrammatik. 8⁰. . . . . — „ 10 „

Volquardsen, C. R., Dr, Platon's Phädros.
gr. 8⁰. . . . . 1 „ 15 „

—— Das Dämonium des Sokrates und seine
Interpreten. 8⁰. . . . . — „ 12½ „

—— Telemach's Process. 8⁰. . . . . . . — „ 12½ „

KIEL.   Carl Schröder & Co.

www.ingramcontent.com/pod-product-compliance
Lightning Source LLC
Chambersburg PA
CBHW031747090426
42739CB00008B/908